Gabriele Ebert

# Einführung in die Lehre
# Ramana Maharshis
# in seinen eigenen Worten

Gabriele Ebert: Einführung in die Lehre Ramana Maharshis in seinen eigenen
Worten
2., leicht korrigierte, Aufl., 2026
Verlag: BoD · Books on Demand GmbH, Überseering 33, 22297 Hamburg,
bod@bod.de
Druck: Libri Plureos GmbH, Friedensallee 273, 22763 Hamburg
ISBN 978-3-7597-8614-2

# Inhaltsverzeichnis

# Einleitung

Ramana Maharshi lehrte v.a. den Weg der Selbstergründung mit der Frage „Wer bin ich?", wobei mit dem Ich der Frage das Ego-Ich gemeint ist. Es ist eine Methode des *Jnana-Yoga*, des Yoga der Erkenntnis, dem *Advaita*, die Lehre der Nichtdualität, zugrunde liegt.

Ramanas Lehre beruhte auf seiner eigenen Erfahrung. Als er erst 16 war und noch zur Schule ging, ergriff ihn plötzlich eine unmissverständliche Todesangst. Ihm war, als würde er jetzt sterben. In dieser Situation lenkte er sich nicht ab, sondern trat ihr entgegen. Spontan stellte er sich dabei die Frage: Was geschieht mit dem Tod? Wer stirbt? Der Körper, der Geist? Da stieg eine Kraft in ihm hoch und nahm von ihm Besitz. In dieser für ihn existenziell bedrohlichen Situation erfuhr er das unsterbliche Sein oder Selbst. Diese Erfahrung blieb unverändert bestehen. Sie stellte sein bisheriges Leben völlig auf den Kopf und eröffnete ihm eine neue Seins- und Sichtweise.

Der junge Ramana hatte nie zuvor spirituelle Übungen gemacht. Auch hatte er kein spirituelles Ziel, das er erreichen wollte, wie etwa die Befreiung (*mukti*) aus dem Kreislauf von Geburt und Tod, wie es die meisten Inder haben. Er kannte die *Advaita*-Lehre und die Schriften nicht und wusste nicht, dass auch andere dieselbe Erfahrung gemacht hatten. Aber er zweifelte nie an seiner Erfahrung. Erst später, als sich Schüler einstellten, kam er mit den Schriften in Berührung, weil seine Anhänger sie ihm brachten, damit er sie ihnen erklärte, und fand darin seine eigene Erfahrung beschrieben.

In der Folge lernte er verschiedene philosophische Schulen kennen. Da *Advaita* seiner Erfahrung entsprach, bediente er sich fortan der dort üblichen Begrifflichkeit.[1]

Da *Advaita* keine Religion, sondern eine existenzielle Philosophie ist, der eine ebenso existenzielle Erfahrung zugrunde liegt, ist dieser Weg völlig unabhängig davon möglich, ob man religiös oder nicht religiös ist. Doch Ramana unterstützte ebenso *Bhakti*, die Gottesliebe, als zweiten, ebenso wirksamen Pfad. So ist auch für den Religiösen, der sich Gott hingeben will, der Weg offen. Er versicherte, dass letztendlich beides zum selben Ziel führt, der Vernichtung des Egos.

---

[1] über das Leben von Ramana Maharshi s. die Biografien im Literaturverzeichnis

Ramana besteht auf der Unabdingbarkeit des Übens (*sadhana*) und erklärt die verschiedenen Übungswege, ihre Voraussetzungen und Hindernisse. Ohne Übung ist das Ziel nicht zu erreichen. Insofern widerspricht er jenen modernen Gurus, die lehren, man müsse nichts tun. Er lehrt auch nicht nur Gewahrsein oder Achtsamkeit. Die Ergründung der Quelle des Ichs ist viel mehr und ein radikaler, unumkehrbarer Prozess. Das Ziel ist, die Unwirklichkeit des individuellen Ichs zu erkennen und bewusst sein eigenes unvergängliches Wesen zu sein, das Selbst, was mit „Selbstverwirklichung" gemeint ist, wobei Ramana betont, dass es eigentlich keine Selbstverwirklichung gibt, da das Selbst immer verwirklicht ist und nicht erst „verwirklicht" werden muss. Darin zeigt sich in gewissem Sinn die Beschränktheit der Sprache. Deshalb begegnet man solchen scheinbaren Paradoxen häufig in der Lehre Ramanas.

Seine Lehre korrespondierte mit dem Bedürfnis des jeweils Fragenden. So ermutigte er einen Verehrer des persönlichen Gottes, der eine Gestalt Gottes verehrte, wie auch einen Yogi, der hochkomplizierte Yogaübungen ausführte, auf seinem je eigenen Weg. Da ihm in seinem Leben viele spirituelle Schriften vorgelegt wurden, kannte er sich neben *Advaita* auch mit Yoga, Tantra, Siddhanta, Dualismus und begrenztem Dualismus aus und konnte aus seiner Erfahrung die Fragen der Schüler beantworten. Er kannte auch das Christentum, denn er hatte eine christliche Schule besucht.

Nachdem ich im Laufe vieler Jahre die meisten Schriften von und über Ramana Maharshi übersetzt hatte, kam mir der Gedanke, wichtige Zitate Ramanas zusammenzutragen, um eine einfache Einführung in seine Lehre zu erstellen, ohne tiefer in die verschiedenen Philosophien und ihre Begrifflichkeit einzugehen, was verwirren kann, wenn man sich mit den indischen Philosophiesystemen nicht auskennt. Jedem, der sich detaillierter mit Ramanas Lehre befassen möchte, sei besonders die Lektüre der umfangreichen „Gespräche mit Ramana Maharshi" und der Werke im Literaturverzeichnis ans Herz gelegt.

Die Zitate sind folgenden Quellen entnommen:

- Gespräche mit Ramana Maharshi von Munagala Venkataramiah, zitiert als **Talk** (für den englischen Titel Talks with Sri Ramana Maharshi)

- Tagebuch der Gespräche mit Ramana Maharshi von Devaraja Mudaliar, zitiert als **DD** (für den englischen Titel Day by Day with Bhagavan)
- Briefe aus dem Ramanashram von Suri Nagamma, zitiert als **N**
- Die Botschaft des Ramana Maharshi zitiert als **G** (für den englischen Titel Maharshi's Gospel)
- Bewusste Unsterblichkeit (Conscious Immortality) von Paul Brunton und Munagala Venkataramiah, zitiert als **C**
- Ramana Maharshi: „Wer bin ich?" zitiert als **W**

Gabriele Ebert

# Dualismus und Nicht-Dualismus

Im Hinduismus wird zwischen Dualismus, eingeschränktem Dualismus und Nicht-Dualismus unterschieden. Im Dualismus (*Dvaita*) bleiben Mensch und Gott auf dem Weg der Gottesverehrung stets getrennt. Judentum, Christentum und Islam sind dualistische Religionen. Der eingeschränkte Nicht-Dualismus (*Vishishtadvaita*) lässt eine teilweise Vereinigung von Gott und Mensch zu, während der Nicht-Dualismus (*Advaita*) betont, dass es nur das Eine gibt, das Selbst, und kein eigenständiges Ego ebenso wenig wie eine eigenständige Welt. Gott ist nicht irgendeine Gottheit, sondern das Selbst.

Ramana ermutigt keine philosophischen Diskussionen. Dennoch vertritt er in seinen Lehren eindeutig *Advaita*.

F.: „Man sagt, der Endzustand der Verwirklichung sei nach *Advaita* (der Lehre der Nicht-Dualität) die absolute Vereinigung mit dem Göttlichen, gemäß *Vishishtadvaita* (der Lehre der eingeschränkten Nicht-Dualität) teilweise Vereinigung, während *Dvaita* (die Lehre der Dualität) behauptet, es gäbe überhaupt keine Vereinigung. Welche von diesen Anschauungen soll man als die richtige betrachten?"

A.: „Warum willst du immer über Zukünftiges spekulieren? Alle stimmen darin überein, dass es ein ‚Ich' gibt. Der ernsthaft Suchende muss ohne Rücksicht auf die geistige Richtung, der er angehört, zunächst einmal herausfinden, was das ‚Ich' ist. Dann wird ihm noch Zeit genug bleiben, zu erkennen, was der letzte Zustand sein wird – ob das ‚Ich' mit dem höchsten Wesen verschmelzen oder von ihm getrennt bleiben wird. Nimm das Ende nicht vorweg, sondern halte den Geist offen." G S. 75

„*Dvaita* und *Advaita* sind relative Begriffe. Sie basieren auf dem Empfinden der Zweiheit. Das Selbst ist, wie es ist. Es gibt weder *Dvaita* noch *Advaita*. ‚Ich bin, der ich bin.' Das Selbst ist einfach Sein." Talk 433

# Die drei Zustände des Geistes und der vierte Zustand

Um die Begriffe „wirklich" und „unwirklich" in der Lehre Ramanas zu verstehen, muss vorausgeschickt werden, dass nur das wirklich ist, was dauerhaft besteht, also keinen Anfang und kein Ende hat, und alles unwirklich ist, was begrenzt ist.

Ramana unterscheidet zwischen drei Geisteszuständen: Wachen, Träumen und Tiefschlaf, die abwechselnd kommen und gehen, und dem sogenannten vierten Zustand, der dauerhaft ist und ihre Grundlage bildet. Um dies zu illustrieren, verwendet er das Beispiel von der Kinoleinwand, die stets unverändert bleibt, und den Filmen, die auf ihr abgespielt werden und denen sie als Grundlage dient.

Die Erfahrung der ersten drei Zustände, die jedem Menschen täglich zugänglich ist, bildet in gewissem Sinn die Basis für Ramanas Lehre, denn er kommt immer wieder darauf zurück und erinnert seine Schüler wiederholt daran.

Ramana vergleicht die Erfahrung im Wachzustand mit der im Traumzustand. Beide Zustände sind unwirklich im Sinn von nicht dauerhaft, und in beiden gibt es das individuelle Ich, den Körper und die Welt, im Gegensatz zum Tiefschlaf, in dem es weder Körper noch Welt gibt und auch nicht das individuelle Ich. Im Traum sind sie als Traum-Ich, Traum-Körper und Traum-Welt vorhanden. Obwohl sie im Tiefschlaf nicht vorhanden sind, existiert man auch in ihm, denn wenn man aufwacht, sagt man, man habe selig geschlafen. Aus dieser Erfahrung schließt Ramana, dass dies ein Beweis dafür ist, dass es ein Sein, ein Selbst, das wahre, unbegrenzte Ich gibt, das auch ohne Körper, Welt und individuelles Ich dauerhaft existiert. Dies ist der sogenannte vierte Zustand, der die Basis der drei anderen Zustände bildet und immer besteht, ohne Anfang und Ende. Er ist identisch mit dem Selbst und muss ins Bewusstsein rücken.

Daraus könnte man nun schließen, dass man nur in den Tiefschlaf eingehen müsse, um das Selbst zu erfahren. Das schließt Ramana jedoch aus, da im Tiefschlaf das Bewusstsein fehlt und er wie die beiden anderen Zustände nur vorübergehend besteht. Die Erfahrung des Selbst muss man im Wachzustand machen. Das wird in seinen späteren Erläuterungen deutlich.

Ramana empfiehlt, die Erfahrung des Tiefschlafs in den Wachzustand herüberzuholen, also ins Bewusstsein, das im Tiefschlaf ja fehlt. Er spricht dann von Wachschlaf.

„Es gibt nur ein Bewusstsein, das im Wachen, Traum und Tiefschlaf fortbesteht. Im Tiefschlaf gibt es kein Ich. Der Ich-Gedanke erhebt sich beim Aufwachen, und dann erscheint die Welt. Wo war dieses Ich im Tiefschlaf? War es da oder nicht? Es muss auch da gewesen sein, aber nicht auf die gleiche Weise, wie du es jetzt empfindest. Das gegenwärtige Ich ist nur der Ich-Gedanke, während das schlafende Ich das wahre Ich ist. Es bleibt immer bestehen. Es ist Bewusstsein. Wenn du es erkennst, wirst du verstehen, dass es jenseits des Denkens ist." Talk 43

„Bald gehst du schlafen. Wenn du am Morgen aufwachst, wirst du sagen: ‚Ich habe selig geschlafen.' Was im Tiefschlaf geschah, ist deine wahre Natur. Sie besteht auch jetzt fort, sonst wäre sie nicht deine wahre Natur. Erlebe auch jetzt den Schlafzustand." Talk 304

F.: „Was ist *turiya* (der vierte Zustand)?"

A.: „Es gibt nur drei Zustände: Wachen, Traum und Tiefschlaf. *Turiya* ist kein vierter Zustand, sondern das, was diesen dreien zugrunde liegt. Aber die Leute verstehen das nicht ohne Weiteres. Deshalb nennt man ihn den vierten Zustand und die einzige Wirklichkeit. Tatsächlich existiert er nicht getrennt von irgendetwas, denn er bildet die Grundlage für alle Ereignisse. Er ist die einzige Wahrheit. Er ist dein wahres Sein. Die drei Zustände erscheinen als flüchtige Phänomene auf diesem vierten Zustand und sinken dann wieder in ihn zurück. Deshalb sind sie unwirklich. […]

*Turiya* ist lediglich ein anderer Name für das Selbst. Wir sind uns des Wachens, Träumens und Tiefschlafs gewahr, aber nicht unseres eigenen Selbst. Trotzdem ist das Selbst hier und jetzt da. Es ist die einzige Wahrheit. Es gibt nichts anderes. Solange wir uns mit dem Körper identifizieren, liegt die Welt scheinbar außerhalb von uns. Verwirkliche das Selbst, und alles andere verliert seine Realität." Talk 353

„Es ist wie im Kino. Die Leinwand ist immer da. Auf ihr erscheinen unterschiedliche Bilder und verschwinden wieder. Nichts bleibt an der Leinwand haften. Sie bleibt immer die Leinwand. Ebenso bleibst du in allen drei Zuständen dein eigenes Selbst. Wenn du das weißt, werden dich die drei Zustände nicht beunruhigen. So wie die Bilder nicht an der Leinwand haften, haften die drei Zustände nicht an dir.

Auf der Leinwand erscheint ein mächtiger Ozean mit endlosen Wellen und verschwindet wieder. Dann siehst du überall Feuer. Auch es verschwindet. Die Leinwand ist in beiden Fällen da. Ist sie vom Wasser nass geworden oder vom Feuer verbrannt? Nichts hat die Leinwand beeinträchtigt. Ebenso wenig beeinträchtigen dich die Ereignisse, die im Wachzustand, im Traum und im Tiefschlaf geschehen. Du bleibst dein eigenes Selbst." N 28.4.1948

F.: „In welchem Sinn haben die drei Bewusstseinszustände [Wachen, Traum und Tiefschlaf] eine geringere Wirklichkeit als der ‚vierte Zustand' und sind ihm untergeordnet? In welcher Beziehung stehen sie zum ‚vierten Zustand'?"

A.: „Es gibt nur einen Zustand, den des Bewusstseins oder des Seins. Die drei Zustände von Wachen, Traum und Tiefschlaf können nicht wirklich sein. Sie kommen und gehen. Das Wirkliche existiert immer. Das Ich oder Sein, das als einziges in allen drei Zuständen fortdauert, ist wirklich. Die drei Zustände sind nicht wirklich, und deshalb kann man auch nicht sagen, dass sie diesen oder jenen Grad an Wirklichkeit haben. Wir können es grob so beschreiben: Sein oder Bewusstsein ist die einzige Wirklichkeit. Bewusstsein plus Wachen nennen wir den Wachzustand. Bewusstsein plus Tiefschlaf nennen wir den Zustand des Tiefschlafs. Bewusstsein plus Traum nennen wir den Traumzustand. Das Bewusstsein ist die Leinwand, auf der alle Bilder kommen und gehen. Die Leinwand ist wirklich, die Bilder sind lediglich Schatten auf ihr. Da wir durch lange Gewohnheit die drei Zustände für wirklich halten, nennen wir den Zustand reiner Bewusstheit den ‚vierten Zustand'. Aber es gibt keinen ‚vierten Zustand', sondern nur den einen. Dieser sogenannte ‚vierte Zustand' wird bei Thayumanavar auch als Wachschlaf oder Schlaf im Wachen beschrieben, was bedeutet, dass man der Welt entschlafen und zum Selbst erwacht ist." DD 11.1.1946 Nachmittag

F.: „Es heißt, dass die Welt wie ein Traum ist. Aber zwischen Träumen und Wachen gibt es einen Unterschied. Im Traum sehe ich meine Freunde und Verwandten und erlebe etwas mit ihnen. Wenn ich aufwache und sie über mein Traumerlebnis frage, wissen sie nichts davon. Aber das, was ich im wachen Zustand sehe und höre, wird auch von vielen anderen bestätigt."

A.: „Du solltest die beiden Zustände von Träumen und Wachen nicht vermischen. Ebenso wie du dir deine Erlebnisse, die du mit den Leuten im Wachzustand hast, von ihnen im Wachen bestätigen lässt, musst du auch die entsprechenden Leute fragen, während du träumst. Sie werden es dir dann in deinem Traum bestätigen. Es geht dabei um Folgendes: Sagst du im Wachzustand, dass deine Erfahrungen im Traum wirklich waren? Ebenso ist es, wenn ein Mensch zur Erkenntnis (*jnana*) erwacht. Er kann nicht mehr sagen, dass die Erfahrungen im Wachzustand wirklich sind. Aus seiner Sicht ist der Wachzustand ein Traum." DD 19.3.1945 Vormittag

F.: „Aber wir sehen Leiden in der Welt. Ein Mensch hungert. Das ist eine physische Realität. Für ihn ist das sehr wirklich. Sollen wir es als einen Traum verstehen und uns von seinem Leid nicht berühren lassen?"

A.: „Vom Standpunkt der Erkenntnis oder Wirklichkeit aus betrachtet ist das Leiden, von dem du sprichst, ein Traum, genauso wie die Welt, von der dieses Leid ein winziger Teil ist. Auch im Traum bist du hungrig und siehst andere hungern. Du isst, hast Mitleid mit den Hungernden und gibst auch ihnen zu essen. Solange der Traum währt, ist all das Leid so realistisch wie das Leid, das du jetzt in der Welt wahrnimmst. Erst wenn du aufwachst, bemerkst du, dass das Leid im Traum unwirklich war und du mit vollem Bauch eingeschlafen bist. Du träumst, dass du den ganzen Tag in der heißen Sonne hart gearbeitet hast, müde und hungrig bist und viel essen willst. Wenn du aufwachst, bemerkst du, dass du satt bist und dich nicht aus dem Bett bewegt hast. Aber das bedeutet nicht, dass du während des Traums so tun kannst, als ob das Leid nicht wirklich sei. Der Traum-Hunger muss durch Traum-Nahrung gestillt werden. Die hungernden Mitmenschen im Traum müssen im Traum mit Nahrung versorgt werden. Du darfst die beiden Zustände nicht miteinander vermischen. Bis du den Zustand von *jnana* erreicht hast und aus dieser *maya* erwachst, musst du sozialen Dienst tun und das Leiden lindern, wann immer du es siehst." DD 5.1.1946 Nachmittag

„Bringe den Tiefschlaf auch in den Wachzustand hinüber. Das ist Verwirklichung. Das Bemühen richtet sich auf die Vernichtung des Ich-Gedankens und nicht darauf, das wahre Ich herbeizuführen, denn das wahre Ich ist ewig und benötigt dein Bemühen nicht." Talk 222

# Die falsche Identifizierung mit dem Körper

Ramana erklärt, dass der Hauptirrtum des Menschen darin besteht, sein wahres Ich mit dem Körper zu verwechseln. Wenn dieser Irrtum beseitigt ist, erstrahlt das Selbst.

„Gold ist kein Schmuckstück, aber das Schmuckstück ist Gold. Welche Gestalt das Schmuckstück auch haben mag und wie verschieden die Schmuckstücke auch sein mögen, es gibt nur die eine Grundsubstanz, nämlich das Gold. So ist es auch mit den Körpern und dem Selbst. Die eine Wirklichkeit ist das Selbst. Sich mit dem Körper zu identifizieren und dennoch das Glück zu suchen, ähnelt dem Versuch, einen Fluss auf dem Rücken eines Krokodils zu überqueren. Die Identifizierung mit dem Körper geschieht, weil der Geist sich nach außen wendet und umherwandert. Wenn du diesen Zustand fortbestehen lässt, wird dich das nur in einem endlosen Wirrwarr gefangen halten, und es gibt keinen Frieden. Suche deine Quelle, gehe im Selbst unter, und bleibe dort." Talk 396

„Jeder ist das Selbst und ist tatsächlich unendlich. Trotzdem verwechselt jeder seinen Körper mit seinem Selbst. Um etwas zu erkennen, ist eine Beleuchtung nötig. Sie kann nur eine Art von Licht sein, das sowohl das physische Licht als auch die physische Dunkelheit erhellt. Das bedeutet, dass dieses Licht jenseits von augenscheinlichem Licht und Dunkelheit ist. Es selbst ist weder Licht noch Dunkelheit, wird aber als ‚Licht' bezeichnet, da es beides erhellt. Es ist unendlich, und es ist Bewusstsein. Bewusstsein ist das Selbst, dessen sich jeder gewahr ist. Keiner ist jemals vom Selbst entfernt, und deshalb ist jeder Selbst-verwirklicht. Nur – und das ist das große Rätsel – kennen die Menschen diese grundsätzliche Tatsache nicht und wollen das Selbst verwirklichen. Diese Unwissenheit beruht auf dem Fehler, den Körper für das Selbst zu halten. Die Verwirklichung besteht lediglich darin, die falsche Vorstellung loszuwerden, nicht verwirklicht zu sein. Man muss sie nicht neu erlangen. Sie muss bereits vorhanden sein, da sie ewig ist. Ansonsten wäre es nicht der Mühe wert, nach Verwirklichung zu streben.

Wenn einmal die falsche Vorstellung ‚Ich bin der Körper' oder ‚Ich bin nicht verwirklicht' beseitigt ist, bleibt einzig das höchste Bewusstsein oder das Selbst übrig, und das wird ‚Verwirklichung' genannt. In Wahrheit ist die Verwirklichung jedoch ewig und bereits hier und jetzt da. Letztlich besteht sie in nichts weniger oder mehr als in der Beseitigung der Unwissenheit." Talk 482

> Sobald das Ich mit seiner Gedankenwelt nach dem Schlaf wieder auftaucht, werden wir uns des Körpers bewusst, mit dem wir uns sofort identifizieren und sagen, wir seien der Körper.

„Der Geist ist nur die Identifizierung des Selbst mit dem Körper. Damit wird ein falsches Ego erschaffen, das wiederum falsche Erscheinungen schafft und sich scheinbar in ihnen bewegt. Das alles ist falsch. Das Selbst ist die einzige Wirklichkeit. Verschwindet die falsche Identifizierung, dann wird die Beständigkeit des Wirklichen offenkundig. Das bedeutet nicht, dass die Wirklichkeit nicht hier und jetzt da wäre. Sie ist immer da und immer dieselbe. Sie wird von jedermann erfahren, denn jeder weiß, dass er existiert. Wer ist er? Oder subjektiv gefragt: Wer bin ich?

Das falsche Ego wird mit Objekten in Verbindung gebracht. Dieses Ego ist sogar sein eigenes Objekt. Objektivität ist das Falsche. Nur das Subjekt ist wirklich. Verwechsle dich nicht mit dem Objekt, nämlich mit dem Körper. Daraus entstehen das falsche Ego, infolgedessen die Welt und deine Bewegungen in ihr sowie das Leid, das sich daraus ergibt. Denke nicht, du seist dies, jenes oder irgendetwas, du seist so oder so oder der und der. Lass einfach das Falsche beiseite. Das Wirkliche wird sich selbst offenbaren." Talk 46

> Ist erst einmal die Unterscheidung zwischen dem Selbst (dem beständigen Bewusstsein) und dem Körper klar, wird der Körper nicht mehr als Nicht-Selbst verstanden, sondern als zum Selbst gehörend, insofern er von ihm abhängig ist. Dasselbe gilt auch für die Welt (s. Kapitel Welt)

„Am Anfang muss einem gesagt werden, dass man nicht der Körper ist, weil man glaubt, dass man nur der Körper ist. Doch in Wirklichkeit ist man der Körper und alles andere. Der Körper ist nur ein Teil. Das ist es, was man schließlich erkennen muss. Man muss zuerst einmal das Empfindungslose vom Bewussten unterscheiden lernen und nur das Bewusste sein. Später erkennt man dann, dass auch das Empfindungslose nicht vom Bewussten getrennt existiert. Das ist Unterscheidung (*viveka*). Diese anfängliche Unterscheidung muss man bis zum Ende pflegen. Ihre Frucht ist die Befreiung." Talk 192

F.: „Warum wird in Upadesa Saram[1] [V. 22] der Körper als empfindungslos (*jada*) bezeichnet?"

A.: „Insofern, als du glaubst, der Körper und alles Weitere sei vom Selbst getrennt. Aber wenn man das Selbst findet, wird man auch diesen Körper und alles andere im Selbst finden. Danach wird niemand mehr eine solche Frage stellen, und keiner wird mehr behaupten, sie seien empfindungslos."
Talk 310

---

[1] Die Quintessenz der spirituellen Unterweisung, ein Werk Ramanas

# Was ist der Geist?

Ramana spricht vom Geist (mind) und Ich in einer ganzen Palette von Bedeutungen. Einerseits ist der Geist ein Phantom, das mit dem Erwachen aus dem Schlaf mit dem Ich-Gedanken entsteht, sich mit dem Körper identifiziert und die Welt als Objekte sieht. Im Tiefschlaf gehen Geist, Körper und Welt zusammen mit diesem Ich wieder unter. Andererseits sind Geist und Ich, wenn sie rein sind, d.h., sich nicht in Objekten verlieren, identisch mit *atman* oder *Brahman*, dem Selbst.

Zudem ist der Geist das Instrument, mit dem man im Wachzustand arbeiten muss. Er ist das Werkzeug, das *sadhana*, die spirituelle Übung, ausführt. Er wird in der Meditation auf einen Gedanken gerichtet, unter Ausschluss anderer Gedanken, um Konzentration zu erlangen, und in der Selbstergründung, *atma vichara*, auf sich selbst mit der Suchfrage „Wer bin ich?", d.h., was ist die Quelle des individuellen Ichs oder Geistes?

Dabei macht man die Erfahrung, dass der Geist ein Bündel von Gedanken ist, und er verschwinden, wenn man ihn sucht. Er ist also ein Phantom und unwirklich. Er ist keine Entität, kein unabhängiges Wesen, das ununterbrochen existiert, denn im Tiefschlaf gibt es ihn nicht. Wenn die Gedanken im Tiefschlaf untergehen, geht damit auch dieser unechte Geist unter.

„Der Geist ist ein Bündel von Gedanken. Die Gedanken steigen auf, weil es einen Denker gibt. Der Denker ist das Ego. Wenn man das Ego sucht, verschwindet es von selbst. Ego und Geist sind dasselbe. Das Ego ist der Wurzelgedanke, aus dem alle anderen Gedanken hervorgehen." Talk 347

F.: „Wie soll man den Geist kontrollieren?"

A.: „Halte ihn fest."

F.: „Wie macht man das?"

A.: „Was ist der Geist? Finde es heraus. Er ist lediglich eine Ansammlung von Gedanken." Talk 169

„Es gibt keine Wesenheit namens Geist. Weil Gedanken auftauchen, vermuten wir, dass es für sie einen Ausgangspunkt gibt. Das nennen wir den Geist. Wenn wir nachforschen, was der Geist ist, lässt sich nichts dergleichen finden. Nachdem der Geist verschwunden ist, findet man immerwährenden Frieden." Talk 238

F.: „Das Licht des Bewusstseins plus Geist ist das individuelle Selbst (*jivatma*), und das Licht des Bewusstseins alleine ist das höchste Selbst (*paramatman*). Ist das richtig?"

Ramana stimmte dem zu und zeigte auf sein Handtuch: „Wir nennen das ein weißes Stück Stoff. Aber der Stoff und seine weiße Farbe können nicht getrennt voneinander existieren. Mit dem Licht des Bewusstseins und dem Geist ist es ebenso. Beides zusammen bildet das Ego. Auch folgendes Beispiel, das oft in den Schriften erwähnt wird, kann dir zum besseren Verständnis dienen. Die Lampe im Theater ist das höchste Selbst oder das Licht des Bewusstseins, wie du es nennst. Sie beleuchtet sich selbst, die Bühne und die Schauspieler. Durch ihr Licht sehen wir die Bühne und die Schauspieler, aber sie brennt auch noch weiter, wenn auf der Bühne nichts mehr aufgeführt wird. In einem anderen Beispiel wird der Geist mit einer Eisenstange verglichen. Wenn sie erhitzt wird, wird sie glutrot. Sie kann wie Feuer mit ihrer Glut Dinge verbrennen, hat aber, im Gegensatz zum Feuer, immer noch eine feste Form. Wenn wir sie mit einem Hammer bearbeiten, bekommt sie die Hammerschläge ab, nicht das Feuer. Die Eisenstange ist das individuelle Selbst (*jivatma*), und das Feuer ist das Selbst (*paramatman*)." DD 26.6.1946

> Der Geist hat drei Eigenschaften (*gunas*), die sich abwechseln: Leidenschaft und Unruhe (*rajas*), Trägheit (*tamas*) sowie Reinheit und Ausgeglichenheit (*sattva*). Im Zustand von *sattva* ist der Geist das Selbst.

„Der Geist ist etwas Geheimnisvolles. Er besteht aus *sattva* (Reinheit), *rajas* (Aktivität) und *tamas* (Trägheit). Die letzten beiden Eigenschaften lassen Verschiedenheit (*vikshepa*) entstehen. In *sattva* dagegen ist der Geist ruhig und unbefleckt. Deshalb sind keine Gedanken vorhanden, und er ist mit dem Selbst identisch." Talk 485

F.: „Und der Geist ist *maya* (Illusion), vermute ich."

A.: „Was ist *maya*? Wenn man glaubt, dass der Geist von der Wirklichkeit getrennt existiert, ist das *maya*. Der Geist befindet sich stets in der Wirklichkeit und existiert nicht unabhängig von ihr. Wird das erkannt, ist damit *maya* beseitigt." Talk 477

Es mag nun die Frage auftauchen, wie man dieses falsche Ego loswird. Wie bereits zuvor erwähnt, ist es nur ein Phantom, und ein Phantom wird man nur los, indem man erkennt, dass es ein Phantom ist, und es beiseitelässt, d.h. ignoriert. So auch hier.

„Will denn der Geist sich selbst töten? Der Geist kann sich selbst nicht töten. Deshalb musst du seine wahre Natur ergründen. Dann weißt du, dass es gar keinen Geist gibt. Sucht man das Selbst, dann gibt es nirgends mehr einen Geist. Verbleibt man im Selbst, dann braucht man sich um den Geist nicht mehr zu sorgen." Talk 146

Entgegen der üblichen Auffassung, dass ein Geist, der sich viel mit Objekten und Gedanken befasst, ein starker Geist ist, betont Ramana, dass der konzentrierte und schließlich der gedankenfreie Geist ein starker Geist ist.

„Im Allgemeinen wird der Geist für stark gehalten, wenn er schnell und viel denkt. Hier aber ist der Geist stark, wenn er frei von Gedanken ist." Talk 647

„Der vom Ego beherrschte Geist ist seiner Stärke beraubt und zu schwach, um den qualvollen Gedanken zu widerstehen. Der ego-freie Geist ist glücklich, wie wir es vom traumlosen Tiefschlaf kennen. Folglich ist es klar, dass Glück und Elend nur Erscheinungsformen des Geistes sind. Aber es ist nicht leicht, den schwachen Zustand gegen den starken auszutauschen. Die Betriebsamkeit des Geistes bedeutet Schwäche und macht deshalb elend. Seine Passivität (sein In-sich-Ruhen) ist Kraft und deshalb beglückend. Im Schlaf ist seine Kraft nicht offenbar und deshalb nicht nutzbar." Talk 188

Der Ich-Gedanke ist der erste Gedanke, der alle folgenden Gedanken bewirkt. Deshalb ist er der ursprünglichste Gedanke von allen, der für die Ergründung benutzt wird.

„Das Körperempfinden ist ein Gedanke. Der Gedanke gehört dem Geist an, und der Geist steigt nach dem Ich-Gedanken auf. Der Ich-Gedanke ist der Wurzelgedanke. Hält man ihn fest, verschwinden die anderen Gedanken. Dann gibt es keinen Körper, keinen Geist und nicht einmal das Ego." Talk 244

Freude und Leid betreffen nur den Geist. Sie sind relativ und bedingen einander.

„Freude und Leid sind lediglich Aspekte des Geistes. Unser eigentliches Wesen ist Glück. Aber wir haben das Selbst vergessen und glauben, der Körper oder der Geist wäre das Selbst. Diese falsche Identifikation lässt Leid entstehen. Was kann man dagegen tun? Diese Neigung (*vasana*) ist sehr tief verwurzelt. Sie hat sich durch viele Geburten fortgesetzt und ist dadurch stark geworden. Sie muss verschwinden, bevor unser eigentliches Wesen, das Glück ist, sich durchsetzen kann." Talk 540

„Du kannst einen Wunsch hegen, aber sei auf alle Eventualitäten vorbereitet. Streng dich an, aber verliere dich nicht im Erfolgsdenken. Akzeptiere gleichmütig, was geschieht, denn Freude und Leid sind lediglich geistige Verfassungen. Sie haben keine Beziehung zur objektiven Realität."

F.: „Wie ist das zu verstehen?"

A.: „In einem südindischen Dorf lebten zwei Freunde. Sie hatten eine gute Ausbildung genossen und wollten Geld verdienen, um ihren Familien das Leben zu erleichtern. Sie verabschiedeten sich von ihren Eltern und gingen nach Benares auf Pilgerreise. Einer von ihnen starb unterwegs. Der andere wanderte weiter und hatte sich im Lauf einiger Monate einen Namen gemacht und Geld verdient. Er wollte noch mehr verdienen, bevor er wieder nach Hause zurückkehrte. Da traf er einen Pilger, der nach Süden unterwegs war und durch sein Heimatdorf kommen würde. Er bat seinen neuen Bekannten, seinen Eltern zu sagen, dass er in wenigen Monaten mit dem verdienten Geld heimkommen würde und sein Begleiter unterwegs gestorben sei. Der Pilger kam in das Dorf und suchte die Eltern auf. Er erzählte ihnen die Neuigkeit, verwechselte aber die Namen. Dementsprechend betrauerten die Eltern des Lebenden seinen Tod, während die Eltern des Toten glücklich auf die Rückkehr ihres Sohnes warteten, der viel Geld mitbringen würde.

Du siehst, Freude und Schmerz haben keine Beziehung zur aktuellen Wirklichkeit, sondern sind nur geistige Vorgänge." Talk 614

F.: „Im gewöhnlichen Leben gibt es Freude und Leid. Sollten wir nicht nur Freude empfinden?"

A.: „Freude besteht darin, den Geist nach innen zu wenden und ihn dort festzuhalten, Leid besteht darin, ihn nach außen zu richten. Es gibt nur Freude. Das Fehlen von Freude nennt man Leid. Unser Wesen ist Freude – Seligkeit (*ananda*)." Talk 244

# Was ist die Welt?

Ramana betont, dass das Subjekt das Wahre ist und das Objekt sekundär und unwirklich, da es der Wahrnehmung des Subjekts bedarf. Insofern ist die Welt als eigenständige Entität nicht wirklich, da sie vom Seher abhängt. Betrachtet man sie jedoch als eine Manifestation *Brahmans* oder des Selbst, ist sie wirklich.

Ramana betont, dass man sich selbst erkennen muss, um zu wissen, was die Welt ist.

„Sie [die Welt] ist in gleichem Maße wirklich wie der Sehende (*drashta*). Subjekt, Objekt und der Akt der Wahrnehmung bilden eine Dreiheit (*triputi*). Es gibt eine Wirklichkeit jenseits dieser drei. Sie erscheinen und verschwinden wieder, während die Wahrheit ewig besteht." Talk 376

F.: „Aber warum erscheint die Welt?"

A.: „Wem erscheint sie? Du siehst die Welt, und deshalb existiert sie. Existiert sie auch unabhängig vom Seher? Kommt sie zu dir und sagt: ‚Ich existiere'? Welchen Beweis für ihre Existenz gibt es, außer dass du sagst, du nimmst sie wahr?" DD 15.6.1946

„Die Welt ist nicht außerhalb. Die Eindrücke von der Welt können keine äußere Ursache haben, weil die Welt nur durch Bewusstsein wahrgenommen werden kann. Die Welt sagt nicht, dass sie existiert. Es ist dein Eindruck. Und dieser Eindruck ist nicht beständig und durchgängig. Im Tiefschlaf wird die Welt nicht wahrgenommen. Deshalb existiert sie für den Schlafenden nicht. Also ist die Welt eine Folge des Egos. Finde das Ego. Seinen Ursprung zu finden, ist das endgültige Ziel." Talk 53

F.: „Wie kann die Welt lediglich eine Vorstellung oder ein Gedanke sein? Das Denken ist eine Tätigkeit des Geistes. Der Geist ist im Gehirn und das Gehirn im Schädel des Menschen, der wiederum nur einen winzig kleinen Teil des Universums ausmacht. Wie kann dann das ganze Universum in den Gehirnzellen enthalten sein?"

A.: „Solange man den Geist für eine Wesenheit dieser Art hält, wird die Frage bestehen. Aber was ist der Geist? Wir wollen darüber nachdenken. Wenn der Mensch aus dem Schlaf erwacht, sieht er die Welt. Sie erscheint nach dem Ich-Gedanken. Der Kopf erhebt sich. Demnach ist der Geist aktiv geworden. Was ist die Welt? Sie besteht aus Objekten, die sich im Raum ausbreiten. Wer erfasst sie? Der Geist. […]

Betrachte den Menschen, der träumt. Er geht in einem geschlossenen Raum schlafen, sodass nichts ihn im Schlaf stören kann. Zum Schlafen schließt er die Augen, damit er keinen Gegenstand sieht. Doch wenn er träumt, sieht er eine Gegend, in der Leute leben und sich bewegen, und er selbst ist unter ihnen. Kam dieses ganze Panorama durch die Tür herein? Es hat sich einfach in seinem Gehirn entfaltet. Im Gehirn des Schläfers oder des Traumindividuums? Im Gehirn des Schläfers. Wie kann es dieses weite Land in seinen kleinen Zellen enthalten? Das erklärt die wiederholte Feststellung, dass das ganze Universum nur ein Gedanke oder eine Abfolge von Gedanken ist." Talk 451

„Kann denn die Welt ohne jemanden existieren, der sie wahrnimmt? Was ist zuerst, das Sein-Bewusstsein [*sat-chit*] oder das aufsteigende individuelle Bewusstsein? Das Sein-Bewusstsein ist immer da, ewig und rein. Das aufsteigende Bewusstsein entsteht und verschwindet wieder. Es ist vergänglich." Talk 53

Ein häufiges Gegenargument, das vorgebracht wird, ist, dass die Welt auch von den anderen gesehen wird und für sie besteht, während man selbst schläft.

F.: „Existiert die Welt nicht für die anderen, während ich schlafe?"

A.: „Diese Welt hält dich dafür zum Narren, dass du sie zu kennen glaubst, ohne dich selbst zu kennen. Sie ist das Ergebnis deines Geistes. Erkenne deinen Geist. Dann sieh die Welt. Du wirst erkennen, dass sie nicht vom Selbst verschieden ist." Talk 53

„Wie kann der Geist, der die Welt geschaffen hat, sie als unwirklich abtun? Deshalb wird die Welt des Wachzustandes mit der Traumwelt verglichen. Beide sind bloße Schöpfungen des Geistes, und solange Geist und Gemüt von beiden in Anspruch genommen werden, können sie die Wirklichkeit der Traumwelt während des Traumes und die Wirklichkeit des Wachzustandes während des Wachens nicht leugnen. Wenn du jedoch deinen Geist vollständig von der Welt zurückziehst, ihn nach innen wendest und so verweilst, wenn du mit anderen Worten immer für das Selbst, die Substanz aller Erfahrungen, wach bleibst, wirst du die Welt, die du jetzt allein wahrnimmst, als ebenso unwirklich erkennen, wie jene Welt, in der du in deinem Traum lebst." G S. 82

F.: „Ich leugne auch nicht das Dasein der Welt, während ich schlafe, sondern meine, sie hat auch während dieser Zeit existiert. Wenn ich sie nicht sah, während ich schlief, sahen sie doch andere, die nicht schliefen."

A.: „Hattest du die Zeugenschaft anderer nötig, um dir deine Existenz während des Schlafes zu beweisen? Warum rufst du sie jetzt als Zeugen auf? Diese ‚Anderen' können dir nur dann, wenn du selbst wach bist, sagen, dass sie die Welt gesehen haben, während du schliefst. Mit deiner eigenen Existenz jedoch verhält es sich anders. Wenn du erwachst, sagst du, du hättest tief geschlafen; daraus geht hervor, dass du auch im tiefsten Schlaf deiner selbst bewusst geblieben bist, ohne jedoch auch nur die geringste Ahnung von der Existenz der Welt zu haben. Und sogar jetzt, während du wach bist, sagt sie nun: ‚Ich bin wirklich', oder sagst du es? […]

Was ist denn überhaupt das Wesen der Welt? Es ist ein ewiger Wandel, ein ununterbrochener, endloser Strom. Eine unabhängige, ihrer selbst bewusste, immer wechselnde Welt kann nicht wirklich sein." G S. 83-85

Seine Schüler fragten immer wieder, wie sie dem Leid der Welt begegnen sollten.

F.: „Weitverbreitetes Elend wie Hungersnöte und Seuchen verwüsten die Welt. Was ist die Ursache dafür?"

A.: „Wer sieht das alles?"

F.: „Das genügt nicht. Ich sehe überall Elend."

A.: „Während des Schlafs warst du dir der Welt und ihrer Leiden nicht gewahr, aber jetzt, da du wach bist. Bleibe in dem Zustand, in dem dich diese Dinge nicht berühren. Wenn du dir der Welt nicht gewahr bist, d.h., wenn du im Zustand des Schlafs das Selbst bleibst, berührt dich das Elend der Welt nicht. Wende dich deshalb nach innen und suche das Selbst. Dann wird sowohl die Welt als auch ihr Elend ein Ende finden."

F.: „Aber das ist selbstsüchtig."

A.: „Die Welt existiert nicht außerhalb von dir. Weil du dich irrtümlich mit dem Körper identifizierst, siehst du die Welt außerhalb von dir, und ihr

Elend wird für dich sichtbar. Aber die Welt und ihr Elend sind nicht wirklich. Suche die Wirklichkeit, und werde dieses unwirkliche Empfinden los." Talk 272

F.: „Zurzeit tobt der Chinesisch-Japanische Krieg. Wenn er nur eine Vorstellung ist, kann oder will sich Sri Bhagavan dann nicht vorstellen, dass es ihn gar nicht gibt und ihn somit beenden?"

Ramana (lachend): „Der Bhagavan des Fragers (den der Frager als ein äußeres Wesen sieht) ist ebenso einer seiner Gedanken wie der Chinesisch-Japanische Krieg." Talk 451

Schüler fragten Ramana, wie sie der Welt entfliehen konnten.

„Wohin kannst du vor der Welt oder den Objekten fliehen? Sie sind wie der Schatten eines Menschen. Er kann ihm nicht entkommen. Es gibt eine lustige Geschichte über einen Mann, der seinen Schatten begraben wollte. Er grub eine tiefe Grube, und als er seinen Schatten auf deren Grund sah, war er froh, dass er ihn so tief eingraben konnte. Er füllte die Grube auf, doch als er damit fertig war, war er erstaunt und enttäuscht, als er sah, dass sein Schatten nun obenauf lag. Ebenso ist es mit den Objekten und den Gedanken an sie. Sie begleiten dich, bis du das Selbst verwirklichst." DD 16.3.1945 Abend

Doch die Welt ist auch das Selbst, *Brahman*, Gott, wenn man die Welt als das Selbst sieht. Es hängt wie immer von der Sichtweise ab. V.a. der große Philosoph Shankara betont in seinem dritten Lehrsatz, dass die Welt *Brahman*, das Selbst, sei. Diese Sichtweise wird von Ramana übernommen.

F.: „Wie erkennt man, dass die ganze Welt Gott ist?"

A.: „Wenn du deine Sichtweise zur Sichtweise der Weisheit machst, dann wirst du erkennen, dass die Welt Gott ist. Wie willst du sehen, dass der höchste Geist (*Brahman*) alles durchdringt, wenn du Ihn nicht kennst?" Talk 1

„Was sagt Shankara denn? 1. *Brahman* ist wirklich. 2. Das Universum ist eine Illusion. 3. *Brahman* ist das Universum. Er bleibt nicht bei der zweiten Aussage stehen, sondern ergänzt sie mit der dritten. [...]

Die Welt erscheint. Shankara fragt: ‚Aber wem erscheint sie?' Was würdest du darauf antworten? Du musst sagen: ‚dem Selbst'. Oder würde die Welt auch in Abwesenheit des wahrnehmenden Selbst auftauchen? Daher ist das Selbst die Wirklichkeit. Das schließt Shankara daraus. Die Erscheinungsformen sind wirklich, wenn sie als Selbst gesehen werden, und Illusion, wenn sie getrennt vom Selbst betrachtet werden." Talk 315

> Obwohl die Welt *Brahman* ist, ist es für den spirituellen Sucher nötig, dass er sie zunächst als eine Illusion betrachtet, um sich von seiner Täuschung zu befreien. Dafür verwendet Ramana als Beispiel das Seil, das man als Schlange sieht. Zuerst muss das wirkliche Seil gesehen werden. Es ist sozusagen eine Umkehr der Wahrnehmung nötig: zuerst das Selbst, dann der Körper und die Welt, die nicht eigenständig existieren, sondern ihre Grundlage im Selbst haben.

„Es bleibt dir nichts anderes übrig, als die Unwirklichkeit der Welt einzusehen, wenn du die Wahrheit und nur sie allein suchst."

F.: „Warum?"

A.: „Aus dem einfachen Grund, weil deine Gedanken und Gefühle immer hinter der Welt her sein werden, wenn du nicht die Vorstellung von ihrer Wirklichkeit aufgibst. Wenn du die Erscheinung für wirklich hältst, wirst du die Wirklichkeit selbst niemals erkennen, obgleich sie das Einzige ist, das existiert. Dieser Punkt wird durch die Analogie von der ,Schlange im Seil' erläutert. Solange du die Schlange siehst, kannst du das Seil als solches nicht wahrnehmen. Die nichtexistierende Schlange wird wirklich für dich, während das wirkliche Seil überhaupt nicht zu existieren scheint." G S. 81

„Die Schriften sagen, dass die Welt unwirklich sei. Um was für einen Grad von Unwirklichkeit handelt es sich? Ist sie so unwirklich wie der Sohn einer unfruchtbaren Mutter oder eine Blume am Himmel, was bloße Wörter ohne Bezug zur Wirklichkeit sind? Die Welt ist eine Tatsache und nicht nur ein bloßes Wort. Die Antwort lautet, dass sie eine Überlagerung der einen Wirklichkeit ist, wie das Seil, in dem man in der Dämmerung eine eingerollte Schlange sieht. Aber hier hört die falsche Identifikation auch schon auf, sobald ein Freund uns darauf hinweist, dass es sich um ein Seil handelt.

Im Fall der Welt besteht die Täuschung allerdings noch weiter, wenn man weiß, dass es sich um eine Illusion handelt. Warum ist das so? Auch die Fata Morgana von Wasser hält an, nachdem man sie als Fata Morgana erkannt hat. So ist es auch mit der Welt. Obwohl man weiß, dass sie unwirklich ist, zeigt sie sich weiterhin. Aber das Wasser der Fata Morgana kann nicht den

Durst stillen. Sobald man es als Fata Morgana erkannt hat, weiß man um seine Nutzlosigkeit und will dort kein Wasser mehr holen." Talk 399

Ramana betont, dass der Verwirklichte (*jnani*) wie der Unverwirklichte (*ajnani*) die Welt sehen, nur in einer völlig verschiedenen Sichtweise. Die Frage nach der Welt hängt von der Frage nach dem eigenen Selbst ab.

„Der *ajnani* sieht, dass der *jnani* aktiv ist, und ist verwirrt. Beide nehmen die Welt (*jagat*) wahr, aber aus verschiedenen Perspektiven. Nimm das Kino als Beispiel. Bilder bewegen sich auf der Leinwand. Geh hin und halte sie fest! Was hältst du in Händen? Nur die Leinwand. Was bleibt übrig, wenn die Bilder verschwinden? Wiederum die Leinwand. So ist es auch hiermit. Wenn die Welt erscheint, erkenne, wem sie erscheint. Halte das Substrat des Ichs fest. Wenn das Substrat festgehalten wird, was spielt es dann für eine Rolle, ob die Welt erscheint oder verschwindet?" Talk 65

„Der Unwissende (*ajnani*) nimmt die Welt als wirklich wahr, während der Weise (*jnani*) sie lediglich als eine Manifestation des Selbst sieht. Es ist belanglos, ob sich das Selbst manifestiert oder aufhört, dies zu tun." Talk 65

„Wenn du mit dem physischen Auge siehst, siehst du die Welt. Wenn du mit dem Auge der Erkenntnis siehst, erscheint alles als das Selbst." DD 21.11.1945 Nacht

Wie bereits gesehen, hängt die Welt vom Bewusstsein des Sehers ab. Deshalb hat die Welt ihre Grundlage in diesem Bewusstsein. Die verschiedenen Schöpfungsgeschichten wie auch die wissenschaftlichen Erkenntnisse zur Entstehung der Welt und die Evolution sind in diesem Kontext zu betrachten.

F.: „In den Upanishaden wird der Verlauf der Schöpfung anders geschildert als in den Puranas. Welche Version stimmt?«

A.: „Es gibt noch viele andere Schöpfungsberichte. Sie sollen nur darauf hinweisen, dass die Schöpfung eine Ursache hat und ein Schöpfer da sein muss, damit man nach der Ursache fragen kann. Die Betonung liegt auf dem Zweck der Theorie und nicht auf dem Schöpfungsprozess. Zudem wird die Schöpfung von jemandem wahrgenommen. Ohne das Subjekt gibt es keine Objekte, d.h., die Dinge kommen nicht zu dir und erzählen dir, dass es sie gibt, sondern du sagst, dass es die Gegenstände gibt. Die Objekte sind deshalb das, was der Seher aus ihnen macht. Sie haben kein vom Subjekt unabhängiges Dasein. Finde heraus, wer du bist, und du wirst verstehen, was die Welt ist. Das ist der einzige Zweck der Schöpfungstheorien." Talk 387

„In den Schriften gibt es verschiedene Schöpfungsberichte. Aber gibt es überhaupt eine Schöpfung? Nur wenn es sie gibt, müssen wir auch erklären, wie es dazu gekommen ist. Wir wissen nichts darüber, aber wir wissen mit Bestimmtheit, dass wir jetzt existieren. Warum erkennen wir nicht das Ich und die Gegenwart und fragen uns dann, ob es eine Schöpfung gibt?" DD 17.2.1946 Nachmittag

F.: „Warum ist dann *samsara* – die endliche Schöpfung und Manifestation – so leidvoll und böse?"

A.: „Das ist Gottes Wille."

F.: „Warum will Gott es so?"

A.: „Das ist unbegreiflich. Man kann dieser Kraft keinen persönlichen Beweggrund unterstellen. Dem einen, unendlichen, allwissenden und allmächtigen Sein kann kein Wollen und kein zielgerichtetes Handeln zugeschrieben werden. Gott bleibt von den Handlungen, die in Seiner Gegenwart geschehen, unberührt. Nimm zum Vergleich die Sonne und das Geschehen in der Welt. Es hat keinen Sinn, dem Einen, bevor es zu dem Vielen wurde, Verantwortung und einen Beweggrund zuzuschreiben. Aber den vorgezeichneten Lauf der Dinge als Gottes Willen anzusehen, ist eine gute Lösung für das Problem des freien Willens (vexata quaestio). Ist der Geist rastlos infolge eines Gefühls der Unvollkommenheit und der Unzufriedenheit mit dem, was uns zustößt oder was wir getan oder unterlassen haben, dann ist es klug, das Gefühl der Verantwortung und des freien Willens fallen zu lassen, indem wir uns als ein vom Allwissenden und Allmächtigen bestimmtes Werkzeug betrachten, und zu tun und zu leiden, wie es Ihm gefällt. Er trägt alle Last und gibt uns Frieden." Talk 28

„Das *Vedanta* sagt, dass der Kosmos gleichzeitig mit dem, der ihn wahrnimmt, sichtbar wird und es keinen detaillierten Schöpfungsprozess gibt. Das ist augenblickliche Schöpfung (*yugapat srshti*). Es ist ähnlich wie im Traum, in dem derjenige, der den Traum erlebt, gleichzeitig mit den Objekten, die er im Traum erlebt, entsteht. Doch einige Leute kleben so sehr an einem objektiven Wissen, dass sie sich damit nicht zufriedengeben. Sie wollen wissen, wie eine sofortige Schöpfung möglich sein kann, und argumentieren damit, dass es eine Ursache geben muss, die der Wirkung vorangeht. Sie wollen eine Erklärung für die Existenz der Welt, die sie um sich herum wahrnehmen. Deshalb versuchen die heiligen Schriften, ihre Neugierde mit solchen Schöpfungstheorien zu befriedigen. Diese Methode, mit dem Thema umzugehen, nennt man die Theorie der schrittweisen Schöpfung (*krama srishti*). Aber der wirkliche spirituelle Sucher gibt sich mit einer sofortigen Schöpfung (*yugapat srshti*) zufrieden." Talk 651

„Im Traum sieht man ein Gebäude. Es ist ganz plötzlich da. Dann beginnt man, darüber nachzudenken, wie es Stein für Stein von vielen Arbeitern in langer Zeit erbaut wurde. Trotzdem sieht man keine Arbeiter am Werk. So ist es auch mit der Evolutionstheorie. Weil man weiß, dass man ein Mensch ist, denkt man, dass es eine Entwicklung von der Amöbe bis zum Menschen gegeben hat." Talk 644

# Was ist Gott?

Ramana verwendet den Begriff „Gott" in mehrfacher Bedeutung. Im absoluten Sinn ist er identisch mit *Brahman, Atman*, dem Selbst und dem Guru. Im relativen Sinn spricht er von *Isvara*, dem Schöpfergott, der persönlichen Gottheit, von *Shiva* und *Shakti* (Gott *Shiva* als das Unbewegte und seine Gemahlin *Shakti* als das handelnde Element, d.h. Gott als statisch und dynamisch) usf., je nachdem, mit welchem Hintergrund der Frager an ihn herantrat. Er empfiehlt dem Gottliebenden völliges Vertrauen auf Gott und völlige Hingabe an Ihn, dem Sucher aber oft, Gott beiseite zu lassen, sich auf das „Ich bin" zu konzentrieren und der Suchfrage nachzugehen.

Als Definition für Gott favorisiert er die Bibelstellen „Ich bin, der ich bin" und „Sei still und erkenne, dass Ich Gott bin."

Im absoluten Sinn, wenn der spirituelle Sucher sich seines Selbst gewahr ist, ist er selbst Gott als das Selbst.

F.: „Lehrt nicht *Advaita*, eins mit Gott zu werden?"

A.: „Wo gibt es dabei ein Werden? Der Denkende ist die ganze Zeit die Wirklichkeit. Schließlich versteht er diese Tatsache. Manchmal vergessen wir unsere Identität, wie im Tiefschlaf und im Traum. Aber Gott ist beständiges Bewusstsein." Talk 31

F.: „Ist Gott persönlich?"

A.: „Ja. Er ist immer die erste Person, das Höchste Ich, das stets vor dir steht. Weil du weltlichen Dingen den Vorrang gibst, scheint es, als wäre Gott in den Hintergrund getreten. Wenn du alles aufgibst und nur Ihn suchst, wird er allein als das Höchste Ich, das Selbst, übrig bleiben." G S. 74

F.: „Was sind Himmel und Hölle?"

A.: „Du trägst Himmel und Hölle in dir. Deine Lust, dein Zorn usw. erschaffen diese Regionen. Sie sind wie Traumwelten." Talk 41

F.: „Ich glaube an die Verehrung einer persönlichen Gottheit (*murti dhyana*). Wird mir das helfen, Erkenntnis (*jnana*) zu erlangen?"

A.: „Gewiss. Diese Meditation (*upasana*) hilft, sich zu konzentrieren. Dann ist der Geist frei von anderen Gedanken und von der meditierten Gestalt erfüllt. Der Geist wird zu ihr – und wird ganz rein. Dann frage dich: ‚Wer ist es, der Anbetung übt?' Die Antwort lautet ‚ich', also das Selbst. So wirst du schließlich das Selbst erlangen." Talk 63

Ein häufiges Thema ist die göttliche Gnade oder die Gnade des Gurus. Ramana macht klar, dass es ohne eigenes Bemühen keine Gnade Gottes gibt. Die Gnade ist immer da und wird nicht gegeben. Sie hängt also nicht vom Wohlwollen des Gurus oder Gottes ab, sondern von der Bereitschaft und Fähigkeit des Verehrers oder Schülers, sie anzunehmen.

F.: „Es heißt, dass göttliche Gnade nötig sei, um *samadhi*, den unabgelenkten Zustand des Geistes, zu erreichen. Stimmt das?"

A.: „Wir sind Gott (*Isvara*). Uns selbst als Gott zu erkennen (*Isvara drishti*), ist göttliche Gnade. Deshalb brauchen wir göttliche Gnade, um Gottes Gnade zu erlangen."

F.: „Es gibt auch göttliche Gunst (*Isvara anugraham*), die etwas anderes als göttliche Gnade (*Isvara prasadam*) ist. Stimmt das?"

A.: „Der Gedanke an Gott ist göttliche Gunst. Er ist von Natur aus Gnade (*prasad* oder *arul*). Es ist Gottes Gnade, dass du an Ihn denkst."

F.: „Ist nicht die Gnade des Meisters das Ergebnis von Gottes Gnade?"

A.: „Warum unterscheidest du zwischen den beiden? Der Meister ist dasselbe wie Gott und nicht von Ihm verschieden." Talk 29

„Göttliche Gnade ist für die Verwirklichung unabdingbar. Sie führt zur Gottverwirklichung. Aber diese Gnade wird nur dem zuteil, der ein wahrer Verehrer oder Yogi ist und beharrlich und beständig auf dem Weg zur Freiheit vorangegangen ist." Talk 28

„Die Gnade ist immer da. Sie wird nicht gegeben." Talk 133

Natürlich wird auch die Frage, warum Gott Leid zulässt, gestellt. Ramana erklärt, dass das Leid den Menschen zu Gott führt.

F.: „Warum lässt Gott Leiden in der Welt zu? Könnte Er es nicht durch seine Allmacht mit einem Schlag beseitigen und bestimmen, dass alle Gott verwirklichen?"

A.: „Leiden ist der Weg, um Gott zu verwirklichen."

F.: „Könnte Er es nicht anders bestimmen?"

A.: „Es ist der Weg." Talk 107

Immer wieder erzählten Verehrer von ihren Gottesvisionen oder ihrem Wunsch danach. Ramana erklärte ihnen, dass eine Vision keine äußere Wirklichkeit besitzt, sondern nur in ihnen erscheint, selbst wenn sie sie außerhalb sehen. Man sollte ihr deshalb keine besondere Bedeutung beimessen.

F.: „Kann man eine Erscheinung Gottes haben?"

A.: „Ja. Du siehst dies und jenes. Warum solltest du nicht auch Gott sehen? Du musst nur wissen, was Gott ist. Alle sehen beständig Gott, sie wissen es nur nicht. Finde heraus, was Gott ist. Die Leute sehen und sehen doch nicht, weil sie Gott nicht kennen." Talk 305

„Visionen sind nicht äußerlich. Sie tauchen nur im Innern auf. Wären sie äußerlich, dann müssten sie auch ohne den Seher da sein. Aber wer bürgt dafür, dass sie existieren? Nur derjenige, der sie sieht." Talk 31

F.: „Es heißt, dass jemand, der meditiert, durch sein *sadhana* die physische Manifestation seiner Lieblingsgottheit sehen und andere segensreiche Dinge erlangen kann. Was bedeutet das?"

„Du sprichst von einer Vision von *Shiva*, aber eine Vision setzt immer ein Objekt voraus, was wiederum die Existenz eines Subjekts beinhaltet. Der Wert der Vision ist derselbe wie der des Sehenden. Das heißt, die Natur der Vision ist auf derselben Ebene wie die des Sehenden. Auftauchen beinhaltet auch Verschwinden. Wenn etwas auftaucht, verschwindet es auch wieder. Deshalb kann eine Vision nie ewig dauern." Talk 450

„Eine Vision von Gott ist nur eine Vision des Selbst, die man als Gott des eigenen Glaubens vergegenständlicht. Erkenne das Selbst." Talk 621

A.: „Das, was immer da ist, ist offenkundig. Die Person ‚Ich' ist immer offenkundig. Die Leute glauben, dass Gott von irgendwo herabkommt und sich manifestiert, indem das Selbst, das immer existiert, nach seinem Wunsch eine Gestalt erschafft, worüber man dann meditiert. Du gibst das Selbst auf, das immer und überall existiert, und machst spirituelle Übungen in der Hoffnung, dass irgendein Gott erscheint, um dann wieder zu verschwinden. Du gibst das ewige Selbst auf und strebst nach so einer vergänglichen Erscheinung, strebst nach seinen Wohltaten und vermehrst dadurch deine geistigen Kämpfe und Anstrengungen. Es würde überhaupt keine Schwierigkeiten geben, wenn man lediglich so bleiben würde, wie man ist." N 23.8.1946

Wenn jemand völlig offen war und fragte, wie er Gott erkennen sollte, dann antwortete Ramana, er möge sich zuerst selbst erkennen. Denn das eigene Selbst ist bekannt, die äußere Gottheit ist dagegen unbekannt und eine mentale Vorstellung. Der wahre Gott ist das Selbst.

F.: „Wie soll ich Gott verwirklichen?"

A.: „Gott ist ein unbekanntes Wesen. Zudem ist Er außen, während das Selbst immer bei dir ist. Du bist es. Warum lässt du das Vertraute außer Acht und suchst nach etwas Äußerlichem?"

F.: „Was ist denn das Selbst?"

A.: „Jeder kennt es. Man ist sich nur nicht klar darüber. Du existierst immer. Das Sein ist das Selbst. ‚Ich bin' ist der Name Gottes. Von allen Definitionen Gottes ist keine so gut formuliert wie der biblische Ausspruch: ‚Ich bin, der Ich bin' in Exodus [Exodus 3,14]." Talk 106

„Das einzig Dauerhafte ist die Wirklichkeit, und das ist das Selbst. Du sagst: ‚Ich bin. Ich bin es, der geht, der spricht, der arbeitet' usw. Setze bei jedem ‚ich bin' einen Bindestrich, also: ICH-BIN. Das ist die bleibende und grundlegende Wirklichkeit. Diese Wahrheit lehrte Gott Moses: ‚ICH-BIN, der ICH-BIN.' ‚Sei still und wisse, ICH-BIN Gott.' Also ist ICH-BIN Gott." Talk 503

Letztendlich ereilt die Vorstellung von Gott dasselbe Schicksal wie alle Gedanken, wenn man in den Tiefschlaf eintritt. Sie verschwindet.

F.: „Ist auch Gott nur eine Vorstellung?"

A.: „Ja, oder denkst du im Tiefschlaf an Gott?"

F.: „Aber der Schlaf ist ein dumpfer Zustand."

A.: „Wenn Gott wirklich ist, muss Er immer da sein. Du bist im Tiefschlaf und im Wachen dieselbe. Wenn Gott so wirklich wäre wie dein Selbst, dann müsste er genauso wie das Selbst auch im Tiefschlaf vorhanden sein. Der Gedanke an Gott entsteht aber nur im Wachzustand." Talk 244

# Der Guru

Guru bedeutet wörtlich: Vertreiber der Dunkelheit.

Im Hinduismus spielt der Guru, der spirituelle Lehrer, eine bedeutende Rolle in der persönlichen Führung des Schülers. Er weiht den Schüler in seine Lehre ein, hilft ihm beim Schriftstudium und begleitet seine Praxis. Im Gegenzug dient der Schüler seinem Guru.

Ramana hatte keinen Guru im üblichen Sinn, doch als man ihn fragte, ob er keinen Guru gehabt habe, verwies er auf Arunachala, und einmal sagte er, die ganze Welt sei sein Guru gewesen. Er machte klar, dass der Guru nicht unbedingt ein Mensch sein müsse, sondern auch Tiere und Pflanzen sein können, die einen etwas lehren, ja sogar etwas Unbelebtes. Von allem könne man lernen, was man tun und was man lassen soll.

Es gibt verschiedene Einweihungsarten: durch ein Mantra, eine Berührung und den Blick. Ramana tat Letzteres, wenn auch eher im Verborgenen. Er weihte seine Schüler nicht offiziell ein und sprach von ihnen auch nie als seinen Schülern oder nannte sich ihr Guru, da er beide als das eine Selbst betrachtete. Doch er führte sie und kümmerte sich um sie.

Ramana macht klar, dass der Guru seinem Schüler nicht die Selbsterkenntnis aushändigt, sondern ihn nur anleiten kann, denn die Erfahrung muss jeder für sich selbst machen. Der Guru hilft dem Schüler nur, seine falsche Sichtweise aufzugeben.

Seine höchste Lehre war die des Schweigens, wie beim großen Lehrer Dakshinamurti[1], auf den er sich bezog. (s.a. Kapitel Schweigen)

Letztendlich sind das Selbst, Gott und der Guru dasselbe.

Auf die Frage, woran man einen geeigneten Guru erkennt, antwortete Ramana:

„Jener ist ein geeigneter Guru, mit dem dein Geist übereinstimmt. Er sollte Ruhe ausstrahlen, geduldig sein, vergeben und andere Tugenden haben. Er sollte andere allein durch seinen Blick wie ein Magnet anziehen und ein Gespür für die Gleichheit aller haben. Wenn er diese Tugenden besitzt, ist er ein wahrer Guru." N 26.2.1947

---

[1] Dakshinamurti ist der Guru, der seine Schüler durch Schweigen lehrt.

„Die heiligen Schriften (*sastras*) sagen, dass man einem Guru zwölf Jahre lang dienen müsse, um die Selbstverwirklichung zu erlangen. Was tut dann der Guru? Händigt er sie dem Schüler aus? Ist nicht das Selbst immer schon verwirklicht? Was ist also mit diesem allgemein verbreiteten Glauben gemeint? Der Mensch ist immer das Selbst, doch er weiß es nicht. Er verwechselt es mit dem Nicht-Selbst, also mit dem Körper usw. Der Grund für diese Verwirrung ist Unkenntnis. Wenn die Unkenntnis ausgelöscht worden ist, dann hört die Verwechslung auf, und die wahre Erkenntnis entfaltet sich. Indem der Mensch mit verwirklichten Weisen in Kontakt bleibt, verliert er allmählich seine Unwissenheit, bis sie völlig beseitigt ist. Auf diese Weise wird das ewige Selbst enthüllt." Talk 350

„Wer ist ein Meister? Letzten Endes ist er das Selbst. Entsprechend der Entwicklung des Geistes manifestiert sich das Selbst als der äußere Meister. Der berühmte Heilige Avadhuta [Dattatreya][1] des alten Indiens sagte, er habe mehr als vierundzwanzig Meister gehabt. Der Meister ist einer, von dem man etwas lernt. Der Guru kann auch etwas Unbelebtes sein, wie im Fall von Avadhuta. Gott, Guru und das Selbst sind dasselbe.

Ein spirituell gesinnter Mensch glaubt, dass Gott alles durchdringt, und hält ihn für seinen Guru. Später bringt ihn Gott mit einem persönlichen Guru in Kontakt, der dem Menschen alles bedeutet. Zuletzt empfindet der Mensch durch die Gnade des Meisters, dass sein Selbst nichts anderes als die Wirklichkeit ist. So erfährt er, dass das Selbst der Meister ist." Talk 23

„Dattatreya ist der universale Guru. Die ganze Welt war sein Guru. Wenn du das Böse siehst, spürst du, dass du es nicht tun sollst. Deshalb war das Böse sein Guru. Wenn du das Gute siehst, möchtest du es gerne tun. Deshalb war das Gute sein Guru. Beides, Gut und Böse, waren seine Gurus." N 26.2.1947

> Wie von der Gnade Gottes ist auch von der Gnade des Gurus die Rede. Ramana wurde oft um seine Gnade gebeten. Die Gnade steht zwar allen offen, doch es ist auch Übung nötig. Die Gnade Gottes und die des Gurus sind identisch.

„Gnade ist am Anfang, in der Mitte und am Ende. Gnade ist das Selbst. Wegen der falschen Identifizierung des Selbst mit dem Körper betrachtet man den Guru als körperlich. Aber aus der Sichtweise des Gurus ist der Guru nur

---

[1] Datatreya gilt als oberster Guru.

das Selbst. Das Selbst ist nur eines. Der Guru lehrt, dass es nur das Selbst gibt. Ist dann nicht das Selbst dein Guru? Woher sollte die Gnade sonst kommen? Nur vom Selbst. Das Offenbarwerden des Selbst ist ein Offenbarwerden der Gnade und umgekehrt. All diese Zweifel entstehen nur aufgrund der falschen Sichtweise und der entsprechenden Erwartung von etwas außerhalb eines selbst. Nichts ist außerhalb des Selbst." Talk 157

„Gnade ist immer da." Und er zitierte: „'Weder Leidenschaftslosigkeit noch Verwirklichung der Wahrheit noch das Anhaften am Selbst können ohne die Gnade des Gurus erlangt werden.' Übung ist nötig. Es ist, als würde man einen widerspenstigen Bullen an den Stall gewöhnen, indem man ihn mit köstlichem Gras füttert und vom Herumstreunen abhält." Talk 220

F.: „Für die Beseitigung des Nichtwissens ist Gnade nötig."

A.: „Gewiss. Aber Gnade ist immer da. Sie ist das Selbst. Sie ist nichts, das man erst erwerben müsste. Man braucht nur zu wissen, dass sie existiert. Die Sonne ist nur Helligkeit. Sie kennt keine Dunkelheit, obwohl andere sagen, dass die Dunkelheit flieht, wenn sie aufgeht. Wie die Dunkelheit ist auch das Nichtwissen ein unwirkliches Phantom. Da es unwirklich ist, spricht man davon, dass es verschwindet, wenn man seine Unwirklichkeit erkennt.

Die Sonne ist da und scheint. Du bist vom Sonnenlicht umgeben. Aber um sie zu erkennen, musst du deine Augen auf sie richten und sie anschauen. Auf ähnliche Weise wird die Gnade nur durch Übung gefunden, obwohl sie hier und jetzt da ist." Talk 354

„Wozu ist dieses Gerede von Guru, Gnade, Gott usw. nütze? Hält dich der Guru bei der Hand und flüstert dir etwas ins Ohr? Du glaubst, er sei wie du. Weil du einen Körper hast, denkst du, dass er auch einen Körper hat, damit er etwas Greifbares für dich tun kann. Aber seine Arbeit liegt im Innern. Wie kommt man zu einem Guru? Gott, der in dir wohnt, hat in seiner Gnade mit seinem liebenden Verehrer Mitleid und manifestiert sich als eine Gestalt, die dem Wesen des Verehrers entspricht. Der Verehrer glaubt, er sei ein Mensch, und erwartet eine Beziehung wie zwischen zwei Körpern. Aber der Guru, der der fleischgewordene Gott oder das inkarnierte Selbst ist, arbeitet von innen, hilft dem Menschen, seine falschen Auffassungen zu erkennen, und führt ihn auf den rechten Pfad, bis er das Selbst im Innern verwirklicht.

Nach der Verwirklichung sagt der Schüler zu sich: ‚Warum habe ich mir all diese Sorgen gemacht? Ich bin genau genommen nur das Selbst. Ich bin derselbe wie zuvor, werde aber von nichts mehr beeinträchtigt. Wo ist er geblieben, der sich so elend gefühlt hat? Ich kann ihn nirgends mehr sehen.'

Was sollen wir jetzt tun? Den Worten des Meisters gemäß handeln, d.h. im Innern arbeiten. Der Guru ist sowohl innen als auch außen. Auf diese Weise schafft er Bedingungen, um dich nach innen zu lenken, und bereitet das Innere vor, um dich ins Zentrum zu ziehen. Er gibt von außen einen Stoß und zieht von innen, damit du im Zentrum gefestigt wirst.

Im Tiefschlaf bist du nach innen gerichtet. Beim Aufwachen drängt gleichzeitig dein Geist nach draußen und denkt alles Mögliche. Das muss verhindert werden. Das kann nur derjenige, der innen und außen zu wirken vermag. Kann er mit einem Körper identifiziert werden? Wir glauben, dass wir die Welt durch eigene Kraft überwinden können. Wenn wir dann enttäuscht sind und nach innen getrieben werden, spüren wir: ‚Oh, oh! Es gibt eine Macht, die stärker ist als der Mensch.' Man muss die Existenz der höheren Macht anerkennen und begreifen. Das Ego ist ein äußerst mächtiger Elefant. Er kann von niemand Geringerem unter Kontrolle gebracht werden als von einem Löwen, der in diesem Fall nichts anderes als der Guru ist. Allein schon sein Blick lässt den Elefanten erzittern und sterben. Wir werden zur gegebenen Zeit wissen, dass unser Ruhm da liegt, wo wir aufhören zu existieren. Um diesen Zustand zu erlangen, muss man sich unterwerfen, indem man sagt: ‚Herr, du bist meine Zuflucht!' Dann sieht der Meister, dass dieser Mensch reif ist, geführt zu werden, und er führt ihn." Talk 398

> Die mächtigste Lehre des Gurus wird durch den Blick und Schweigen übermittelt.

„Der Blick hat eine reinigende Wirkung. Reinigung kann man nicht sehen. Wie ein Stück Steinkohle lange braucht, um sich zu entzünden, und ein Stück Holzkohle kürzer, während ein Haufen Schießpulver sich sofort entzündet, so ist es auch mit den verschiedenen Menschen, die mit einem *Mahatma* [einer großen Seele] in Berührung kommen." Talk 155

„Gott, Guru und Selbst sind dasselbe. Ein Mensch beginnt, unzufrieden mit der Welt zu sein. Deshalb betet er zu Gott um Erfüllung seiner Wünsche. Dadurch wird sein Geist gereinigt. Es ist ihm schließlich wichtiger, Gott zu erkennen, als seine leiblichen Wünsche erfüllt zu bekommen. Dann beginnt

Gottes Gnade, sich zu zeigen. Gott nimmt die Gestalt eines Gurus an und erscheint dem Verehrer. Er lehrt ihn die Wahrheit und reinigt seinen Geist durch seine Lehren und den Kontakt mit ihm. Sein Geist gewinnt an Kraft und wird fähig, sich nach innen zu wenden. Durch Meditation wird er noch mehr gereinigt und bleibt schließlich still, ohne die leiseste Regung. Diese Stille ist das Selbst. Der Guru ist sowohl außen als auch innen. Von außen versetzt er dem Geist einen Stoß, damit er sich nach innen wendet, und im Innern zieht er ihn zum Selbst und hilft ihm, still zu werden. Darin besteht die Gnade. Deshalb gibt es keinen Unterschied zwischen Gott, Guru und dem Selbst." Talk 198

„Schweigen ist die mächtigste Form des Wirkens. Wie großartig und eindringlich die Schriften (*sastras*) auch sein mögen, sie verfehlen ihre Wirkung. Der Guru schweigt, und in allen herrscht Friede. Sein Schweigen ist umfassender und eindringlicher als alle Schriften zusammen. Diese Fragen tauchen auf, weil du glaubst, nichts erreicht zu haben, obwohl du schon so lange hier bist, so viel gehört und dich so sehr bemüht hast. Der Prozess, der in dir vorgeht, ist nicht sichtbar. In Wirklichkeit ist der Guru immer in dir." Talk 398

F.: „Schweigen wird aber nicht verstanden."

A.: „Das macht nichts. Mit Schweigen ist Beredsamkeit gemeint. Belehrungen mit Worten sind nicht so beredt wie Schweigen. Schweigen ist dauerhafte Beredsamkeit. Der erste Meister Dakshinamurti ist dafür das Vorbild. Er lehrte seine *rishi*-Schüler (seine weisen Schüler) durch Schweigen." Talk 20

F.: „Kümmert sich Gott oder der Guru um mich?"

A.: „Wenn du einen der beiden suchst – sie sind in Wirklichkeit nicht zwei, sondern ein und dasselbe –, so kannst du sicher sein, dass auch sie dich mit einer Intensität suchen, die größer ist, als du es dir jemals vorstellen kannst." G S. 73

Im Hinduismus wird viel Wert auf *satsang*, das Verweilen beim Guru, gelegt, denn durch die Gemeinschaft mit ihm wird der Geist rein. Ramana betont, dass die eigentliche Bedeutung von *satsang* Gemeinschaft mit dem Sein (*sat*) ist.

„Der *sadhu* hat den Geist bereits überwunden und verweilt im Frieden. Seine Nähe hilft, in anderen diesen Zustand hervorzurufen. Darin liegt die einzige Bedeutung, den Umgang mit Weisen zu suchen." Talk 54

„*Satsanga* bedeutet *sanga* (Verbindung) mit *sat* (dem Sein). *Sat* ist nur das Selbst. Da man nicht versteht, dass das Selbst *sat* ist, sucht man die Gemeinschaft mit dem Weisen, der das verstanden hat. Das ist *satsanga*. Die Folge ist, dass man sich nach innen wendet. Dann offenbart sich *sat*." Talk 283

„Zuerst musst du dir darüber im Klaren werden, was *satsang* ist. Es bedeutet Verbindung mit dem Sein (*Sat*) bzw. der Wirklichkeit. Jemand, der *Sat* erkennt bzw. verwirklicht hat, wird auch als *Sat* betrachtet. Diese Verbindung mit *Sat* oder mit einem, der *Sat* erkennt, ist für alle unerlässlich. Shankara hat gesagt, dass es in den drei Welten kein besseres Boot gibt als *satsang*. Es bringt einen sicher über das Meer der Geburten und Tode." DD 16.7.1946

# Studium der heiligen Schriften

Für den Schüler ist das Studium der heiligen Schriften von Bedeutung. Normalerweise studiert er sie unter Anleitung des Gurus. Trotz ihrer Bedeutung – Ramana zitierte oft Stellen aus ihnen – sind sie mit Vorsicht zu genießen, denn zum einen ist das Selbst nicht in Büchern zu finden. Bücher können nur einen Anstoß und eine Hilfe für die Übung (*sadhana*) geben. Zum anderen sind viele Schriften ausgeklügelt, umfangreich und enthalten auch – neben der wertvollen Essenz – viele überflüssige Dinge –, sodass der unbedarfte Schüler sich leicht in ihnen verlieren kann. Auch ist die Schriftgelehrsamkeit nicht empfehlenswert, da sie zu Stolz führt und das Ego aufplustert.

Ramana verweist darauf, dass das Schriftstudium den persönlichen Kontakt und die persönliche Anleitung als Hilfe für die spirituelle Übung nicht ersetzen kann.

„Fürs Yoga ist etwas theoretisches Wissen nötig, das man sich aus Büchern holen kann. Aber was wirklich notwendig ist, ist die praktische Anwendung. Das persönliche Beispiel, der persönliche Kontakt und die persönliche Anleitung sind die besten Hilfen. Was das intuitive Verstehen betrifft: Ein Mensch kann noch so sehr davon überzeugt sein, dass er die Wahrheit, d.h. ihre Funktion und ihr Wesen, intuitiv erfasst hat, aber die wirkliche Intuition gleicht eher einem Empfinden. Es benötigt Praxis und den persönlichen Kontakt. Nur aus Büchern zu lernen, nützt wenig. Nach der Verwirklichung ist alle intellektuelle Fracht ein nutzloser Ballast, den man über Bord wirft. Es ist unumgänglich und natürlich, das Ego über Bord zu werfen." Talk 28

„Die Schriften dienen dazu, auf die Existenz einer höheren Macht, des Selbst, hinzuweisen und den Weg dorthin aufzuzeigen. Das ist ihr eigentlicher Zweck. Abgesehen davon sind sie nutzlos. Dennoch sind sie umfangreich, um der Entwicklungsstufe eines jeden Suchenden zu entsprechen." Talk 63

„Nur der Stolz auf das Wissen und der Wunsch nach Anerkennung werden verurteilt, nicht aber das Lernen an sich. Lernen, das zur Suche nach der Wahrheit und Bescheidenheit führt, ist gut." Talk 253

# Der Lebensstil

Im Hinduismus wird der Ehelosigkeit (*brahmacharya*) eine große spirituelle Bedeutung zugeschrieben. Das Leben eines *sadhu* oder *sannyasin* (Wandermönchs) zu führen, der Familie und Heim aufgegeben hat, gilt als besonders verdienstvoll, während das Familienleben oft als *samsara* betrachtet wird, als Verstrickung in die Welt. Es kamen deshalb immer wieder Verehrer zu Ramana, die ihr Zuhause verlassen wollten, um als *sadhu* zu leben. Ramana riet ihnen stets davon ab. Wenn er gefragt wurde, warum er selbst ehelos war, antwortete er, es sei seine Bestimmung gewesen.

Die meisten von Ramanas Verehrern und Schülern waren verheiratet. Sie kamen immer wieder zu Besuch in den Ramanashram, lebten aber ansonsten in ihrer Heimat, kümmerten sich um die Familie und gingen einer Arbeit nach. Ramana betont, dass der Familienstand, ob ledig oder verheiratet, für das Selbst keine Rolle spielt, da das Selbst universal ist.

Was die Lebensführung betrifft, so favorisiert er eine vegetarische Ernährung in mäßigen Mengen, da die Nahrung den Geist beeinflusst. Auch der Schlaf soll maßvoll sein. Zudem setzt er ein moralisches Leben voraus.

F.: „Ist nicht *brahmacharya* (Ehelosigkeit) notwendig, um das Selbst zu verwirklichen?"

A.: „*Brahmacharya* bedeutet, in *Brahman* zu leben. Es hat nichts mit Ehelosigkeit zu tun, wie es üblicherweise verstanden wird. Ein wahrer *brahmachari* ist einer, der in *Brahman* lebt und in *Brahman*, das mit dem Selbst identisch ist, sein Glück findet. Warum sollte er dann nach anderen Glücksquellen suchen? In Wirklichkeit ist das Auftauchen aus dem Selbst die Ursache allen Elends."

F.: „Ist nicht Ehelosigkeit eine grundlegende Bedingung für die Ausübung von Yoga?"

A.: „Ja, sie ist sicherlich für die Verwirklichung ein Hilfsmittel unter vielen anderen."

F.: „Dann ist sie nicht unbedingt nötig? Kann ein verheirateter Mann das Selbst verwirklichen?"

A.: „Selbstverständlich. Es ist eine Frage der geistigen Reife. Verheiratet oder unverheiratet, man kann das Selbst verwirklichen, denn das Selbst ist hier und jetzt da. Wenn das nicht der Fall wäre und es nur durch Anstrengung irgendwann in der Zukunft erlangt werden könnte, wenn es etwas Neues wäre, das man erwerben müsste, dann wäre es nicht des Strebens wert. Denn was nicht natürlich ist, kann auch nicht von Dauer sein. Deshalb sage ich, dass das Selbst hier und jetzt da ist und dass ES allein existiert." Talk 17

F.: „Ich glaube, dass sexuelle Enthaltsamkeit und Einweihung sogar für einen Familienvater notwendig sind, wenn er mit der Selbstergründung erfolgreich sein will. Ist das richtig? Oder genügt es, wenn ein Familienvater nur gelegentlich sexuelle Enthaltsamkeit übt und Einweihung bei einem Meister sucht?"

A.: „Finde zuerst heraus, wer Ehemann und Ehefrau sind. Dann stellt sich diese Frage nicht." Talk 484

F.: „Da sind meine Frau und meine Kinder. Sie sind von mir abhängig. Das ist die Familie."

A.: „Binden die Mitglieder deiner Familie dich, oder bindest du dich selbst an sie? Kommen sie zu dir und sagen: ‚Wir sind deine Familie. Lebe bei uns'? Oder betrachtest du sie als deine Familie und glaubst, an sie gebunden zu sein?"

F.: „Ich halte sie für meine Familie und fühle mich an sie gebunden."

A.: „Genau. Weil du denkst, dass das deine Frau und deine Kinder sind, glaubst du, an sie gebunden zu sein. Das sind deine Gedanken. Sie existieren, weil es dich gibt. Du kannst diese Gedanken unterhalten oder aufgeben. Das erste ist Bindung, das zweite Befreiung." Talk 524

„Warum denkst du, dass du ein Familienvater bist? Wenn du als Wandermönch (*sannyasin*) umherwanderst, plagt dich ein ähnlicher Gedanke, nämlich, ein *sannyasin* zu sein. Ob du zu Hause bleibst oder es aufgibst und in den Wald gehst, dein Geist verfolgt dich. Das Ego ist die Quelle der Gedanken. Es erschafft den Körper und die Welt und lässt dich denken, du seist ein Familienvater. Wenn du die Welt aufgibst, ersetzt es diesen Gedanken durch den, ein *sannyasin* zu sein, und die Umgebung des Waldes durch die des Haushalts. Aber die geistigen Hindernisse bleiben. Sie verstärken sich in der neuen Umgebung sogar noch. Eine Veränderung der Umgebung nützt nichts. Der Geist ist das Hindernis. Ihn muss man überwinden, sei es zu Hause oder im Wald. Wenn du es im Wald tun kannst, warum dann nicht daheim? Wozu also willst du die Umgebung verändern? Du kannst dich sofort bemühen, egal in welcher Umgebung du dich befindest." Talk 54

F.: „Welche Ernährung eignet sich für jemanden, der sich spirituellen Übungen widmet (*sadhaka*)?"

A.: „*Sattvische* Nahrung in mäßigen Mengen."

F.: „Welche Nahrung ist *sattvisch*?"

A.: „Brot, Obst, Gemüse, Milch und solche Dinge." Talk 22

F.: „Gibt es Hilfsmittel für die Konzentration und das Loswerden von Ablenkungen?"

A.: „Im physischen Bereich müssen die Verdauungsorgane und die anderen Organe frei von Reizung gehalten werden. Deshalb muss die Nahrung nach Menge und Qualität geregelt werden. Man isst reizlose Nahrung und vermeidet Chili, zu viel Salz, Zwiebeln, Wein, Opium usw. Vermeide Verstopfung, Schläfrigkeit und Erregung und alle Nahrungsmittel, die das herbeiführen." Talk 28

> Bei der Frage nach den Leidenschaften empfiehlt er, weder sie zu befriedigen, noch sie zu unterdrücken, sondern ihnen auf den Grund zu gehen und zu fragen, in wem sie auftauchen.

F.: „Wie soll ich mit meinen Leidenschaften umgehen? Soll ich sie kontrollieren oder befriedigen? Wenn ich Bhagavans Methode folge und frage: ‚Wem gehören die Leidenschaften an?', sterben sie nicht ab, sondern verstärken sich noch."

A.: „Das macht lediglich deutlich, dass du meine Methode nicht richtig anwendest. Der Weg ist, den Ursprung aller Leidenschaften zu finden. Finde die Quelle, wo sie entspringen, und werde sie los. Wenn du die Leidenschaften kontrollierst, sind sie für den Augenblick unterdrückt, tauchen aber wieder auf. Wenn du sie befriedigst, sind sie nur für den Augenblick befriedigt und verlangen dann wieder nach Erfüllung. Wenn man die Wurzel der Wünsche ausreißen will, indem man sie befriedigt, ist das so, als wollte man ein Feuer löschen, indem man Benzin hineinschüttet. Der einzige Weg ist, die

Wurzel der Wünsche ausfindig zu machen und sie auf diese Weise zu entfernen." DD 2.1.1946 Nachmittag

F.: „Wie geht man am besten mit den Wünschen um? Indem man versucht, sie loszuwerden, sie befriedigt oder sie unterdrückt?"

A.: „Wenn man einen Wunsch loswerden kann, indem man ihn befriedigt, schadet es nichts, solch einen Wunsch zu befriedigen. Aber Wünsche werden normalerweise nicht dadurch beseitigt, dass man sie erfüllt. Der Versuch, sie auf diese Weise loszuwerden, ist, als wollte man mit Alkohol ein Feuer löschen. Auch gewaltsame Unterdrückung ist nicht das geeignete Mittel, da das Unterdrückte früher oder später gewaltsam aufwallt, was zu unerwünschten Konsequenzen führt. Der richtige Weg, einen Wunsch loszuwerden, ist herauszufinden, wer diesen Wunsch hat. Was ist seine Quelle? Wenn man das herausfindet, ist der Wunsch entwurzelt und wird nicht mehr auftauchen und heranwachsen. Kleine Wünsche wie zu essen, zu trinken und zu schlafen oder sich zu erleichtern kannst du ohne Probleme erfüllen, obwohl auch sie zu den Wünschen gehören. Sie prägen sich nicht als *vasanas* ein, die zu weiteren Geburten führen. Diese Handlungen sind nötig, um das Leben aufrechtzuerhalten und führen zu keinen Neigungen. Eine allgemeine Regel ist, dass es nichts schadet, sich einen Wunsch zu erfüllen, wenn die Erfüllung nicht zu weiteren Wünschen führt, indem sie Neigungen im Geist erschafft." DD 12.4.1946 Nachmittag

> Ramana betont, man solle sich weder mit der Vergangenheit noch mit der Zukunft befassen, sondern im Jetzt leben, da nur das Jetzt wirklich ist. Zeit und Raum sind illusorisch.

„Unser Problem ist, dass wir die Vergangenheit kennen und wissen wollen, was wir waren und wie unsere Zukunft aussehen wird. Aber wir wissen nichts von der Vergangenheit und der Zukunft. Doch wir kennen die Gegenwart und wissen, dass wir jetzt existieren. Beides, gestern und morgen, bezieht sich immer auf das Heute. Gestern haben wir zum Gestern ‚heute' gesagt, und morgen werden wir dasselbe tun. ‚Heute' ist immer gegenwärtig. Was immer gegenwärtig ist, ist das reine Sein. Es hat keine Vergangenheit und Zukunft. Warum versuchst du nicht, die Wahrheit der Gegenwart und des immer gegenwärtigen Seins herauszufinden?" DD 3.1.1946 Nachmittag

„Zeit ist nur eine Vorstellung. Es gibt nur die Wirklichkeit. Wie immer du sie dir vorstellst, so sieht sie für dich aus. Wenn du sie Zeit nennst, ist es

Zeit. Wenn du sie Existenz nennst, ist sie Existenz. Und einige teilen die Zeit in Tage, Monate und Jahre ein, nachdem sie sie Zeit genannt haben. Die Wirklichkeit kann nicht neu sein. Sie muss auch jetzt existieren, und sie existiert. In diesem Zustand gibt es keine Gegenwart, Vergangenheit und Zukunft. Sie ist jenseits der Zeit. Sie ist immer da." C S. 60

Allgemein gilt:

„Das tägliche Leben ist vom ewigen Zustand nicht getrennt. Solange man sich vorstellt, das tägliche Leben sei etwas anderes als das spirituelle Leben, tauchen diese Schwierigkeiten auf. Wenn man das spirituelle Leben richtig versteht, wird man entdecken, dass das aktive Leben nicht von ihm verschieden ist." Talk 376

# Geburt, Tod und Wiedergeburt

Eine grundlegende Lehre im Hinduismus ist die Wiedergeburt und *karma* als ihre Grundlage. Es gibt unzählige Wiedergeburten des *jiva*, des individuellen Ichs, in denen die Früchte vergangener Handlungen abgearbeitet werden müssen, was zu gutem oder schlechtem *karma* im gegenwärtigen Leben führt. Wenn der Mensch stirbt, nimmt er seine *samskaras* (Prägungen, Konditionierungen, unbewusste Eindrücke) mit, was dazu führt, dass ein neuer Körper angenommen wird, um sie auszuleben. Erst wenn der Mensch völlig von seinen *vasanas* (Wünsche, Verlangen) und *samskaras* befreit ist, ist er vom Rad der Wiedergeburt befreit und geht ins Unendliche ein. Dies ist der Zustand des Weisen, *Jnani*.

Eine geistige Belohnung, Weiterentwicklung, Reinigung oder Bestrafung nach dem Tod, wie im Christentum in Form von Himmel, Fegefeuer und Hölle, sieht der Hinduismus nicht vor. Die Weiterentwicklung bedarf eines neuen Körpers. Ist sie abgeschlossen, geht die Seele oder der gereinigte Geist ins *Nirvana* ein, was kein Nichts ist, sondern absolutes *Sat-Chit-Ananda* (Sein-Bewusstsein-Seligkeit), die Fülle, die der *Jnani* bereits hier auf Erden erlebt.

Ramana geht zwar von der Wiedergeburt aus, betont diese Lehre aber nicht übermäßig, da sie von seiner Warte aus keine Rolle mehr spielt. Wenn er danach gefragt wurde, erklärte er oft, dass das Selbst ewig sei, ohne Anfang und Ende, ungeboren und unsterblich, und dass man darauf seinen Fokus richten sollte.

Was die *vasanas*, die Neigungen betrifft, die neue Geburten verursachen, betont Ramana, dass nicht alle Neigungen zu einer Wiedergeburt führen, nur die bindenden.

Die Frage nach der Geburt und dem Leben nach dem Tod beantwortet er entsprechend. Er ist völlig gegen alle Spekulationen und Vorstellungen, was nach dem Tod geschieht. Man soll sein Augenmerk auf das Jetzt richten.

F.: „Gibt es eine Wiedergeburt?"

A.: „Wenn es eine Geburt gibt, muss es nicht nur eine Wiedergeburt, sondern eine ganze Reihe davon geben. Wie und warum bist du geboren? Aus demselben Grund und auf dieselbe Weise wirst du weitere Geburten haben. Aber wenn du fragst, wer geboren wurde und ob Geburt und Tod dir oder jemand anderem angehören, verstehst du die Wahrheit. Diese Wahrheit verbrennt alles *karma* und befreit dich von allen Geburten. Die Schriften beschreiben bildlich, wie das in früheren Leben angehäufte *karma*, das sich nur in vielen Leben erschöpfen kann, mit nur einem kleinen Funken *jnana* verbrennt, so wie ein einziger Funke Feuer einen ganzen Berg Schießpulver hochgehen lässt. Das Ego ist die Ursache der ganzen Welt und der unzähligen Wissenschaften, die so vielfältige Untersuchungen anstellen, dass sie jeder Beschreibung spotten. Wenn das Ego durch die Erforschung vernichtet wird, zerfällt das alles im Nu, und nur die Wirklichkeit bzw. das Selbst bleibt übrig." DD 19.6.1946

„Wenn du die Gegenwart kennst, kennst du auch die Zukunft. Es ist seltsam, dass die Leute die Gegenwart nicht kennen wollen. Keiner kann an der Gegenwart zweifeln. Aber sie wollen immer über die Vergangenheit und die Zukunft Bescheid wissen, die beide unbekannt sind. Was sind Geburt und Tod? Wer wird geboren und stirbt? Warum kümmerst du dich um Geburt und Tod, um zu verstehen, was du täglich im Tiefschlaf und Wachen erlebst? Wenn du schläfst, existieren dieser Körper und die Welt für dich nicht, und diese Fragen quälen dich nicht. Dennoch existierst du, dasselbe Ich, das jetzt im Wachzustand existiert. Erst wenn du aufwachst, hast du einen Körper und siehst die Welt. Wenn du Wachen und Schlafen richtig verstehst, verstehst du auch Leben und Tod. Wachen und Schlafen geschehen täglich, deshalb bemerken die Menschen das Wunderbare daran nicht und wollen nur über Geburt und Tod Bescheid wissen." DD 19.6.1946

F.: „Wirken sich die Handlungen eines Menschen nicht auf seine späteren Geburten aus?"

A.: „Bist du jetzt geboren? Warum denkst du an andere Geburten? In Wahrheit gibt es weder Geburt noch Tod. Soll der, der geboren wurde, an den Tod denken und an Mittel, sich Linderung zu verschaffen." Talk 17

F.: „Kommen wir für unsere Taten nicht in den Himmel (*svarga*)[1]?"

A.: „Der Himmel ist so wirklich wie deine gegenwärtige Existenz. Wenn wir aber fragen, wer wir sind, und das Selbst entdecken, wozu brauchen wir dann noch an den Himmel zu denken?"

F.: „Soll ich nicht versuchen, einer Wiedergeburt zu entgehen?"

---

[1] Mit *svarga* ist der Himmel der Götter gemeint, was aber keinen dauerhaften Aufenthalt wie im Christentum beinhaltet.

A.: „Ja. Finde heraus, wer geboren wurde und wer jetzt Schwierigkeiten mit dem Leben hat. Wenn du schläfst, denkst du dann an eine Wiedergeburt oder an das gegenwärtige Leben? Also finde heraus, woher die jetzigen Probleme kommen. Dort liegt auch die Lösung. Du wirst entdecken, dass es keine Geburt, keine gegenwärtige Schwierigkeit und kein Unglücklichsein gibt. Alles ist Das. Alles ist Seligkeit. Wir sind tatsächlich von der Wiedergeburt befreit. Warum soll man sich über das Elend einer Wiedergeburt Sorgen machen?" Talk 31

„Aber was ist Wiedergeburt? Das Ego bleibt dasselbe. Neue Körper tauchen auf und nehmen es in Beschlag. Das Ego verändert sich dadurch nicht. Es verlässt nicht einen Körper, um einen anderen zu suchen und zu finden. Beobachte, was mit deinem grobstofflichen Körper geschieht. Nehmen wir einmal an, du reist nach London. Wie machst du das? Du lässt dich in einem Wagen zum Hafen fahren, gehst an Bord eines Dampfers und erreichst in einigen Tagen London. Was ist geschehen? Die Transportmittel haben sich bewegt, aber nicht dein Körper. Trotzdem behauptest du, dass du von einem Teil des Globus in einen anderen gereist bist. Du hast die Bewegungen der Fahrzeuge auf deinen Körper übertragen. Ebenso ist es auch mit deinem Ego. Die Wiedergeburten sind Überlagerungen. Was geschieht zum Beispiel in einem Traum? Trittst du in die Traumwelt ein, oder findet sie in dir statt? Gewiss letzteres. Ebenso ist es mit den Wiederverkörperungen. Das Ich bleibt die ganze Zeit unverändert." Talk 311

„Beobachte, wie ein Baum wieder wächst, nachdem seine Zweige abgeschnitten wurden. Solange die Lebensquelle nicht zerstört ist, wächst er. Ähnlich ziehen sich beim Tod die latenten Neigungen (*samskaras*) ins Herz zurück, sterben aber nicht. Zu gegebener Zeit sprießen sie wieder aus dem Herzen hervor. Auf diese Weise werden Lebewesen (*jivas*) wiedergeboren." Talk 108

F.: „Wie wird man vom *karma* frei?"

A.: „Erkenne, wessen *karma* es ist. Du wirst herausfinden, dass du nicht der Handelnde bist. Dann bist du frei. Dazu benötigst du Gottes Gnade, um die du Ihn bitten solltest. Verehre Ihn, und meditiere über Ihn.

Das Handeln (*karma*), das ohne dein Bemühen, also unwillkürlich geschieht, bindet nicht. Selbst ein *jnani* handelt, wie man an seinen Körperbewegungen sieht. Es gibt kein Handeln ohne Anstrengung und Absichten (*sankalpas*). Also haben alle Absichten (*sankalpas*). Absichten sind von zweierlei Art: die eine ist bindend (*banda-hetu*) und die andere nichtbindend (*mukti-hetu*). Erstere muss man aufgeben und letztere kultivieren. Es gibt keine Frucht ohne vorangegangenes Handeln und kein Handeln ohne vorangegangene Absicht (*sankalpa*). Selbst die Befreiung (*mukti*) ist das Ergebnis einer Anstrengung, solange das Empfinden, der Handelnde zu sein, besteht." Talk 116

„Schmerz und Freude sind das Ergebnis vergangenen *karmas*, nicht des gegenwärtigen. Schmerz und Freude wechseln sich ab. Man muss beides geduldig ertragen, ohne dass man sich davon überwältigen lässt. Man muss immer versuchen, am Selbst festzuhalten. Wenn man tätig ist, sollte man sich nicht um die Ergebnisse kümmern und darf sich weder von gelegentlicher Freude noch von gelegentlichem Leid überwältigen lassen. Nur wer Schmerz und Freude gleichmütig gegenübersteht, kann glücklich sein." Talk 546

> Ramana vergleicht den Tod oft mit dem Schlaf. So wie man sich nicht fürchtet, schlafen zu gehen, muss man auch den Tod nicht fürchten. Er hält den Zustand ohne Körper für den glücklicheren. Das Problem besteht darin, dass wir glauben, der Körper zu sein und mit ihm zu sterben.

„Warum fürchtet man überhaupt den Tod? Der Tod kann nicht Nicht-Existenz bedeuten. Warum liebst du den Schlaf, aber nicht den Tod? Denkst du jetzt nicht? Existierst du jetzt nicht? Hast du im Schlaf nicht existiert? Sogar ein Kind sagt, es habe selig geschlafen. Es gibt damit, wenn auch unbewusst, zu, dass es im Schlaf existiert hat. Also ist das Bewusstsein unsere wahre Natur. Wir können gar nicht ohne es sein. Aber wir sagen, dass wir im Schlaf unbewusst gewesen sind, da wir uns auf das begrenzte Bewusstsein beziehen. Wir sind der Welt, dem Körper usw. so sehr verhaftet, dass wir dieses relative Bewusstsein für das Selbst halten. Sagt jemand im Tiefschlaf, er sei ohne Bewusstsein? Man sagt das jetzt im Wachzustand, im Zustand des relativen Bewusstseins. Deshalb meint man damit das relative und nicht das abstrakte Bewusstsein. Das wahre Bewusstsein ist jenseits des relativen Bewusstseins und Unbewusstseins." Talk 306

„Die Toten sind glücklich. Nur die Hinterbliebenen fühlen sich miserabel. Wir müssen ständig die Last dieses Körpers tragen und uns um seine Bedürfnisse kümmern. Tagtäglich sind wir damit beschäftigt. Wir müssen baden, essen, unsere Beine massieren, und es nimmt damit kein Ende. Wenn wir gestorben sind, braucht es vier Leute, um diesen Körper zu tragen, den wir ständig mit uns herumschleppen, ohne uns darüber Gedanken zu machen. Einen schweren Stein, der im Wasser liegt, können wir leicht heben, aber sobald wir ihn aus dem Wasser nehmen, spüren wir, wie schwer er ist. Ebenso wenig spüren wir das Gewicht des Körpers, solange Leben in ihm ist.

Unsere wahre Natur ist Unsterblichkeit. Fälschlicherweise schreiben wir sie dem Körper zu, indem wir uns vorstellen, dass er ewig lebt. Durch unsere Identifikation mit dem Körper verlieren wir das, was wirklich unsterblich ist, aus dem Blick. In den Upanishaden heißt es, dass der *jnani* sich nach dem Zeitpunkt sehnt, an dem er seinen Körper abwerfen kann, wie sich der Arbeiter danach sehnt, seine schwere Last abzulegen, wenn er das Ziel erreicht hat." DD 12.7.1946

„Jeder ist sich des ewigen Selbst gewahr. Er sieht so viele Menschen sterben und glaubt doch, er selbst sei unsterblich, weil es tatsächlich so ist. So setzt sich die natürliche Wahrheit unweigerlich durch. Der Mensch wird durch die Vermischung des bewussten Selbst mit dem unbewussten Körper getäuscht. Diese Täuschung muss aufhören." Talk 80

F.: „Was geschieht mit dem Menschen nach dem Tod?"

A.: „Beschäftige dich mit der lebenden Gegenwart. Die Zukunft wird sich um sich selbst kümmern. Sorge dich nicht um die Zukunft." Talk 238

„Jeder weiß, dass er früher oder später sterben muss. Aber die Menschen denken nicht tief genug darüber nach. Alle fürchten sich vor dem Tod. Diese Angst ist jedoch vorübergehend. Warum sollte man den Tod fürchten? Wegen der Vorstellung: ‚Ich bin der Körper.' Alle sind sich bewusst, dass der Körper sterben muss und verbrannt wird. Dass der Körper mit dem Tod verloren geht, weiß jeder. Wegen der Vorstellung, der Körper zu sein, wird der Tod als Verlust des eigenen Selbst gefürchtet. Geburt und Tod betreffen jedoch nur den Körper. Sie werden aber auf das Selbst übertragen und lassen die Täuschung entstehen, dass Geburt und Tod das Selbst betreffen würden.

Im Bemühen, Geburt und Tod zu überwinden, blickt der Mensch zum höchsten Sein auf, dass es ihn retten möge. So entstehen Glaube und Hingabe an den Herrn. Wie soll man Ihn verehren? Das Geschöpf ist ohnmächtig und der Schöpfer allmächtig. Wie soll man sich Ihm nähern? Der Mensch kann sich nur völlig Seiner Sorge anvertrauen. Völlige Hingabe ist der einzige Weg. Also gibt er sich Gott hin. Hingabe besteht darin, sich und seinen Besitz dem Herrn der Barmherzigkeit zu überlassen. Was bleibt dann für den Menschen noch übrig? Nichts – weder er selbst noch sein Besitz. Der Körper, der Geburt und Tod unterworfen ist, gehört nun dem Herrn. Also muss sich der Mensch nicht länger um ihn kümmern. Damit haben Geburt und Tod ihren Schrecken verloren. Die Ursache der Angst war der Körper. Er ist nicht länger der seine. Warum also sollte er sich länger fürchten? Wo ist noch die Person, die sich fürchten könnte?" Talk 567

> In der Bhagavad Gita wird die Bedeutung des letzten Gedankens beim Sterben betont. Wenn man an Gott denkt, geht man in die Gottheit ein.

„Die Gita-Verse bedeuten im Kontext der ganzen Gita, dass du während deines Lebens die Befreiung erlangen musst. Selbst wenn es dir nicht gelingt, musst du wenigstens in deiner Todesstunde an Gott denken, da man zu dem wird, woran man im Augenblick des Todes denkt.[1] Aber wenn du in deinem Leben nicht an Gott gedacht und dir nicht angewöhnt hast, beständig über Ihn zu meditieren, kannst du in deiner Todesstunde auch nicht an Ihn denken." DD 9.3.1946 Vormittag

> Mit dem *karma*, das Schicksal und nicht beeinflussbar ist, geht die Frage nach dem freien Willen einher. Ramana betont, dass beides, Schicksal und freier Wille, dem Ego bzw. Körper angehören und nicht dem Selbst und deshalb relativ sind. Der Körper hat in diesem Dasein bestimmte Aufgaben zu erfüllen. Die Freiheit besteht darin, sich nicht davon binden zu lassen.

F.: „Hat der Mensch einen freien Willen, oder ist alles in seinem Leben vorherbestimmt?«

A.: „Der freie Wille besteht in Verbindung mit der Individualität. Solange es eine Individualität gibt, gibt es auch einen freien Willen. Alle Schriften stützen sich auf diese Tatsache und raten, den freien Willen in die richtige Bahn zu lenken.

---

[1] „Oh Arjuna, an welche Gottheit man im Augenblick des Todes auch immer denkt, weil man sie sich [zu Lebzeiten] ständig vergegenwärtigt hat, zu der geht man ein." (Bhagavad Gita VIII,6)

Finde heraus, wer einen freien Willen hat oder vorherbestimmt ist, und verbleibe darin. Damit sind beide überschritten. Darin liegt der einzige Zweck, solche Fragen zu diskutieren. Wem stellen sich diese Fragen? Finde das heraus, und sei in Frieden." Talk 426

„Freier Wille oder Schicksal existieren immer. Schicksal ist das Ergebnis der vergangenen Handlungen. Es betrifft den Körper. Lass den Körper handeln, wie es für ihn bestimmt ist. Warum kümmert dich das? Warum beachtest du ihn? Freier Wille und Schicksal dauern so lange, wie der Körper besteht. Aber Weisheit (*jnana*) überschreitet beides. Das Selbst ist jenseits von Wissen und Nichtwissen. Wenn etwas geschieht, dann als Ergebnis der eigenen vergangenen Taten, aufgrund von göttlichem Willen oder anderen Faktoren." Talk 193

F.: „Wenn jedem durch das Schicksal eine bestimmte Aufgabe zugeteilt wurde, die er erfüllen muss, auch wenn er sie nicht tun will und ablehnt, kann es dann noch einen freien Willen geben?"

A.: „Es ist gewiss, dass die Arbeit, die für uns bestimmt ist, auch von uns ausgeführt wird. Aber es steht uns offen, frei von den Freuden und Sorgen, den angenehmen und unangenehmen Konsequenzen der Arbeit zu sein, indem wir uns nicht mit dem Körper oder dem, was die Arbeit ausführt, identifizieren. Wenn du deine wahre Natur erkennst und weißt, dass nicht du es bist, der irgendeine Arbeit ausführt, bist du nicht mehr von den Konsequenzen betroffen, gleichgültig, mit welcher Arbeit der Körper aufgrund des Schicksals, vergangenen *karmas*, göttlichen Plans, oder wie immer du es nennen magst, befasst ist. Du bist immer frei, und diese Freiheit ist grenzenlos." DD 3.1.1946 Nachmittag

F.: „Sind nur die wichtigen Ereignisse im Leben eines Menschen vorherbestimmt, wie etwa der Beruf, oder auch die unbedeutenden Dinge wie etwa, dass man ein Glas Wasser trinkt und von hier nach dort geht?"

A.: „Alles ist vorherbestimmt."

F.: „Welche Verantwortung und welchen freien Willen hat dann der Mensch noch?"

A.: „Wozu ist dieser Körper ins Dasein gekommen? Er ist dazu bestimmt, verschiedene Dinge in diesem Leben zu tun. Das ganze Programm wurde bereits entworfen. Wenn es heißt: ‚Nicht ein Atom bewegt sich ohne Seinen

Willen', ist damit dasselbe gemeint, wie wenn man sagt: ‚Nicht ein Atom bewegt sich ohne das *karma*'. Was die Freiheit des Menschen betrifft, so steht es ihm immer frei, sich nicht mit dem Körper zu identifizieren und sich nicht von den Folgen des körperlichen Handelns, nämlich Freude und Leid, beeinträchtigen zu lassen." DD 4.1.1946 Nachmittag

> Da das *karma* die Folge früherer Taten ist, kommen damit Schuld und Sünde ins Spiel. Ramana empfiehlt, sich damit nicht aufzuhalten, sondern zu üben.

„Wie sündig ein Mensch auch sein mag, er sollte nicht jammern und klagen: ‚Ich bin ein Sünder! Wie kann ich Befreiung erlangen?' Wenn er stattdessen den Gedanken aufgibt, ein Sünder zu sein, und beharrlich über seine wahre Natur meditiert, wird er sich bestimmt verändern." W S. 23

F.: „Ich bin ein Sünder und erfülle keinerlei religiöse Pflichten. Werde ich deswegen eine schmerzhafte Wiedergeburt haben?"

A.: „Warum sagst du, du seist ein Sünder? Vertrauen auf Gott genügt, dich vor einer Wiedergeburt zu retten. Wirf deine ganze Last auf Ihn. Im Tiruvasagam steht: ‚Obwohl ich schlechter als ein Hund bin, hast Du es gnädig auf Dich genommen, mich zu beschützen. Die Illusion von Tod und Geburt wird von Dir aufrechterhalten. Ist es meine Aufgabe, zu richten? Bin ich hier der Herr? Allmächtiger Gott, es ist Deine Aufgabe, mich durch viele Körper zu bringen oder mich zu Deinen Füßen zu behalten.' Deshalb habe Vertrauen. Das wird dich retten." Talk 30

# Das Ich und das „Ich-Ich"

Mit dem Ich (*aham*) meint Ramana den Ich-Gedanken, den ersten Gedanken und die Grundlage aller anderen Gedanken, das ursprüngliche persönliche Ich-Empfinden. Es wird zum Ego, wenn es mit Objekten behaftet ist. Aber wenn es rein ist, ist es *Brahman*. Dasselbe gilt für den Geist, der mit dem Ich identisch ist. Dieser erste Ich-Gedanke ist wie die Schnur, auf der sich alle weiteren Gedanken wie Perlen aufreihen. Vernichtet man ihn, indem man seine Quelle sucht, sind damit alle anderen Gedanken vernichtet.

Das reine Ich bezeichnet Ramana oft als „Ich-Ich" (*sphurana*), das im spirituellen Herzen „pocht". (s. Kapitel über das Herz)

Manchmal war ein Schüler über die Methode verwirrt. Gab es zwei Ichs, von denen das eine das andere auslöschen soll? Das Ego-Ich ist lediglich ein Phantom, das verschwindet, wenn man es sucht, und so gibt es nur ein Ich, das Selbst.

„Alle Gedanken sind an dem einen Ich-Gedanken wie auf einer Schnur aufgereiht. Bezwinge ihn, und alle anderen Gedanken sind vernichtet." Talk 379

F.: „Was ist der Unterschied zwischen dem Geist und dem Selbst?"

A.: „Es gibt keinen Unterschied. Der Geist, der sich nach innen wendet, ist das Selbst. Wendet er sich nach außen, wird er zum Ego und zur ganzen Welt. Baumwolle, die zu Kleidungsstücken verarbeitet wurde, geben wir verschiedene Namen. Gold, aus dem Schmuck gemacht wurde, ebenso. Aber alle Kleidungsstücke sind Baumwolle, und aller Schmuck ist Gold. Das Eine ist wahr, die vielen Dinge sind lediglich Namen und Formen. Aber der Geist existiert nicht unabhängig vom Selbst, d.h., er hat keine unabhängige Existenz. Das Selbst existiert ohne den Geist, aber der Geist nie ohne das Selbst." DD 11.1.1946 Nachmittag

„Es ist klar, dass der Geist nur mithilfe des Geistes getötet werden kann. Aber wenn du, anstatt zu sagen: ‚Da ist ein Geist, den ich töten will', damit beginnst, die Quelle dieses Geistes ausfindig zu machen, wirst du herausfinden, dass es überhaupt kein solches Ding wie diesen Geist gibt. Richtest du den Geist nach außen, ruft er Gedanken und Objekte hervor. Wendest du ihn nach innen, wird er zum Selbst." DD 8.11.1945 Vormittag

F.: „Wie kann man das Ich erkennen?"

A.: „Das ‚Ich-Ich' ist immer da. Man kann es nicht erkennen. Man muss keine neue Erkenntnis erwerben. Was neu und nicht hier und jetzt da ist, das kann nur flüchtig sein. Das Ich ist immer da, aber seine Erkenntnis wird behindert, und diese Behinderung nennt man Unwissenheit. Beseitige die Unwissenheit, und die Erkenntnis erstrahlt. In Wirklichkeit gehören weder Nichtwissen noch Wissen dem Selbst (*atman*) an. Sie sind lediglich Überwucherungen, die beseitigt werden müssen. Deshalb heißt es, dass das Selbst jenseits von Wissen und Nichtwissen ist. Es bleibt, wie es natürlicherweise ist – das ist alles."

„Das unaufhörliche ‚Ich-Ich' ist das unendliche Meer. Das Ego, der Ich-Gedanke, ist nur eine Wasserblase auf dem Meer. Man nennt sie *jiva*, die individuelle Seele. Die Blase besteht auch aus Wasser. Wenn sie zerplatzt, vermischt sie sich lediglich mit dem Meer. Aber auch als Blase ist sie nur ein Teil des Meeres." Talk 92

„Das wahre Selbst ist das unendliche ‚Ich-Ich', d.h., das Ich ist Vollkommenheit. Es ist ewig. Es hat keinen Anfang und kein Ende. Das andere Ich wurde geboren und stirbt auch wieder. Es ist unbeständig. Erkenne, wem die ständig wechselnden Gedanken kommen. Du wirst herausfinden, dass sie nach dem Ich-Gedanken aufsteigen. Halte diesen Ich-Gedanken fest, und sie verschwinden. Verfolge den Ich-Gedanken zu seinem Ursprung zurück, und allein das Selbst bleibt übrig." Talk 266

> Ramana weist darauf hin, dass direkt nach dem Aufwachen, wenn die Welt noch nicht gesehen wird, dass reine ‚Ich-Ich' erfahren wird, oder auch im Intervall zwischen zwei Gedanken. Es ist gut, wenn man es festhalten kann.

„Dieses reine ‚Ich-Ich' ist da, wenn du aus dem Schlaf erwachst, ehe du dir der Welt bewusst wirst. Halte es fest, ohne wieder einzuschlafen und ohne den Gedanken zu erlauben, von dir Besitz zu ergreifen. Wenn du es festhältst, spielt es keine Rolle, ob du die Welt siehst, denn dann bleibt der Seher von den Erscheinungen unberührt." Talk 196

„Das Ich in seiner Reinheit wird in den Intervallen zwischen zwei Zuständen oder zwei Gedanken erfahren. Es ist wie eine Raupe, die ihren Halt erst aufgibt, wenn sie den nächsten erfasst hat. Man kann seine wahre Natur herausfinden, wenn es ohne Kontakt zu Objekten oder Gedanken ist. Werde dir dieser Intervalle bewusst und erlange diese Gewissheit, indem du die drei

Bewusstseinszustände von Wachen, Traum und Tiefschlaf beobachtest."
Talk 286

F.: „Wie wird das ‚Ich-Ich'-Bewusstsein empfunden?"

A.: „Als ein ununterbrochenes Gewahrsein des Ichs. Es ist einfach Bewusstsein."

F.: „Können wir es erkennen, wenn es aufdämmert?"

A.: „Ja, als Bewusstsein. Du bist es auch jetzt. Es kann nicht verkannt werden, wenn es rein ist." Talk 205

# Das Wesen des Selbst – Sein, Bewusstsein, Seligkeit

Das Selbst an sich kann nicht beschrieben werden. Es ist, wie es ist. Dennoch gibt es Erkennungszeichen und Wesensmerkmale. Im *Advaita* wird das Selbst als *sat-chit-ananda* (Sein-Bewusstsein-Seligkeit) beschrieben.

Das Selbst ist mit Sein und Bewusstsein identisch. Das Gefühl der eigenen Existenz rührt daher. Mit Bewusstsein ist nicht das relative Bewusstsein oder die relative Erkenntnis gemeint, die kommen und gehen, sondern das absolute, unaufhörliche Bewusstsein, das immer vorherrscht, auch im Tiefschlaf. „Ich bin" ist das Einzige, was wirklich sicher ist, während Körper, Welt und Gott erst danach auftauchen.

Ramana betont, dass jedes Lebewesen Glück sucht, weil Glück sein wahres Wesen ist. Es ist nicht das Glück, das aus der Erfüllung von Wünschen herrührt, sondern das Glück, das von innen kommt und nicht von außen. Ein anderes Wort dafür ist Friede.

„Sieh her, das Selbst ist einfach Sein, nicht dies oder jenes zu sein. Es ist einfach Sein. Sei – und deine Unwissenheit findet ihr Ende." Talk 46

„Das Erkennen von Gegenständen durch die Sinne nennt man unmittelbare Erkenntnis (*pratyaksha*). Doch kann irgendetwas so unmittelbar sein wie das Selbst, das man unabhängig von den Sinnen andauernd erfährt? Sinneswahrnehmungen können nur indirekte und keine direkte Erkenntnis sein. Nur das eigene Gewahrsein ist direkte Erkenntnis, und das ist die gemeinsame Erfahrung aller. Man benötigt keine Hilfsmittel, um sein eigenes Selbst zu erkennen, d.h., sich seiner gewahr zu sein." Talk 92

„Es gibt nur ein Bewusstsein. Aber wir sprechen von verschiedenen Arten von Bewusstsein wie Körperbewusstsein und Selbstbewusstsein. Dies sind aber nur relative Zustände des einen absoluten Bewusstseins. Ohne Bewusstsein gibt es weder Zeit noch Raum. Sie erscheinen nur im Bewusstsein. Es ist wie mit der Kinoleinwand, auf die sie als Bilder projiziert werden und sich bewegen wie im Film. Das absolute Bewusstsein ist unsere wahre Natur." Talk 199

„Wenn ein Mensch glaubt, dass sein Glück von äußeren Umständen und seinem Besitz abhängt, dann müsste man daraus schließen, dass es mit wachsendem Besitz zunimmt und mit seiner Minderung abnimmt. Wenn er nichts besitzt, müsste sein Glück gleich null sein. Doch was ist die wirkliche Erfahrung des Menschen? Stimmt sie mit dieser Sichtweise überein?

Im Tiefschlaf besitzt der Mensch nichts, nicht einmal seinen eigenen Körper. Doch anstatt unglücklich zu sein, ist er überaus glücklich. Jeder wünscht sich einen tiefen Schlaf. Daraus ist zu schließen, dass das Glück dem Menschen innewohnt und nicht auf äußeren Umständen beruht. Man muss sein Selbst verwirklichen, um das Vorratslager an ungetrübtem Glück zu öffnen." Talk 3

„Die Vollkommenheit des Egos zerbricht plötzlich an einem Punkt, und man spürt ein Verlangen, das zu einem Wunsch wird, etwas zu bekommen oder zu tun. Hat man das Gewünschte erhalten und ist damit das Verlangen gestillt, dann ist das Ego glücklich, und die ursprüngliche Vollkommenheit ist wiederhergestellt. Deshalb kann man sagen, dass das Glück unser natürlicher Zustand oder unser Wesen ist. Freude und Leid sind relativ und beziehen sich auf unseren begrenzten Zustand, der durch die Befriedigung von Wünschen aufrechterhalten wird. Gebietet man diesen Vorgängen Einhalt und geht die Seele in *Brahman* ein, dessen Natur vollkommener Friede ist, so hört die Seele auf, vergängliche Freude zu empfinden, und genießt den vollkommenen Frieden, die höchste Seligkeit. Deshalb ist die Selbstverwirklichung Seligkeit." Talk 28

„Wie glücklich war der Mensch doch, bevor sich das Ich erhoben hat! Nur das Entstehen des Egos ist die Ursache der gegenwärtigen Probleme. Verfolgt er das Ego zu seinem Ursprung zurück, wird er diesen undifferenzierten, glücklichen Zustand erreichen, der schlafloser Schlaf ist. Das Selbst bleibt immer dasselbe, hier und jetzt. Zudem gibt es nichts mehr zu erlangen. Da man fälschlicherweise Grenzen angenommen hat, muss man sie überwinden. Es ist wie mit den zehn unwissenden Toren. Sie durchwateten einen Fluss. Als sie das andere Ufer erreicht hatten, zählten sie sich selbst und kamen nur auf neun. Sie bekamen Angst und beklagten den Verlust des unbekannten zehnten Mannes. Ein Wanderer fragte sie nach dem Grund ihres Kummers, zählte sie alle und kam auf zehn. Jeder von ihnen hatte die anderen gezählt und sich selbst vergessen. Der Wanderer gab jedem nacheinander einen Schlag und sagte, sie sollten die Hiebe zählen. Sie zählten bis zehn und waren wieder froh. Die Moral von der Geschichte ist: Der zehnte Mann war nicht neu hinzugekommen. Er war immer da. Nur ihre Torheit hatte ihnen all diesen Kummer bereitet.

Eine andere Geschichte. Eine Frau trug eine Halskette, vergaß es aber. Sie begann nach ihr zu suchen und fragte die Nachbarn nach ihr. Als eine ihrer Freundinnen begriff, was sie suchte, deutete sie auf die Halskette, die sie um den Hals trug. Sie griff danach und war glücklich. Hat sie die Halskette neu bekommen? Auch hier bewirkt Nichtwissen Kummer und Erkenntnis Glück.

Ebenso ist es auch mit dem Menschen und dem Selbst. Es gibt nichts Neues zu erlangen. Das Nichtwissen um das Selbst ist die Ursache des jetzigen Leides. Die Erkenntnis des Selbst bewirkt Glück." Talk 63

„Jeder sucht Glück. Doch hält man irrtümlicherweise Freude, die mit Leid verbunden ist, für Glück. Dieses Glück ist vergänglich. Sein falsch verstandenes Streben bringt dem Menschen nur kurzlebiges Glück. Freude und Leid wechseln sich in dieser Welt ab. Entsagung (*vairagya*) ist, zwischen dem Leid- und dem Glückbringenden zu unterscheiden und sich auf das Glückbringende zu beschränken. Was ist es, dem kein Leid folgt? Das muss man suchen und sich daran halten. Andernfalls steht der Mensch mit einem Bein in der Welt und mit dem anderen im spirituellen Streben, ohne dass er im einen oder anderen Bereich zufriedenstellende Fortschritte macht." Talk 302

„Bei bestimmten Erlebnissen stellt sich ein Glücksgefühl ein. Es ist das Glück, das dem Selbst innewohnt. Es ist nicht fremd oder weit entfernt. Bei Anlässen, die du als angenehm empfindest, tauchst du ins reine Selbst. Dabei offenbart sich das Glück des Selbst. Aber indem du das Glück mit deinen Vorstellungen in Verbindung bringst, unterschiebst du es anderen Dingen oder Ereignissen. Tatsächlich ist es in dir. Bei diesen Gelegenheiten tauchst du ins Selbst ein, wenn auch unbewusst. Wenn du es bewusst tust, nennt man es Verwirklichung. Ich möchte, dass du bewusst ins Selbst eintauchst, d.h. ins Herz." Talk 254

Doch Ramana betont auch, dass selbst die Begriffe *sat*, *chit* und *ananda* nicht einfach Sein, Bewusstsein und Glück bedeuten, sondern das, was dem Sein und Nicht-Sein zugrunde liegt. Es ist ein Versuch, etwas auszudrücken, was die Sprache überschreitet.

„Obwohl wir die Wirklichkeit als *sat-chit-ananda* (Sein-Bewusstsein-Selig-keit) beschreiben, ist das nicht ganz richtig. Sie kann nicht wirklich be-schrieben werden. Wir möchten damit einfach nur klar machen, dass die Wirklichkeit nicht Nicht-Sein (*asat*) und nicht *jada* (ohne Bewusstsein) ist und dass sie keinen Schmerz kennt. In Wirklichkeit sind wir alle *sat-chit-ananda*. Aber wir glauben, gebunden zu sein und all diese Schmerzen zu haben." DD 22.11.1945 Nachmittag

„*Sat* bezeichnet Sein jenseits des relativen Seins (*sat*) und Nichtseins (*asat*). *Chit* bezeichnet Bewusstsein jenseits des relativen Bewusstseins (*chit*) und Unbewusstseins (*achit*). *Ananda* bezeichnet Seligkeit jenseits von Glück und Unglück. Wenn das so ist, was ist Es dann? Wenn Es weder *sat* noch *asat* ist, kann Es dennoch nur *sat* sein. Mit dem Begriff ‚*jnana*' (Erkenntnis) ist es dasselbe. Es ist der Zustand jenseits von Wissen und Nichtwissen. Dennoch ist *jnana* weder Nichtwissen noch Wissen. Ebenso ist es mit dem Begriff *sat-chit-ananda*." Talk 433

# Die Methode der Selbstergründung

Besonders in seinem Büchlein „Wer bin ich?" erklärt Ramana ausführlich die Praxis des *atma vichara*, der Erforschung der Quelle des Ichs oder Ich-Gedankens. Mit dem Ich in der Suchfrage ist nicht das absolute Selbst, sondern dieser Ich-Gedanke gemeint. Und es ist auch dieses Ich, das die Übung ausführt. Der Ich-Gedanke (*aham-vritti*) ist die erste Regung des Egos und das erste, dessen wir uns beim Aufwachen bewusst sind, bevor Körper und Welt in Erscheinung treten. Wo entspringt dieser Ich-Gedanke? Wo hat er seine Quelle? Ramana erklärt, dass man dadurch zum spirituellen Herzen geführt wird. (s. Kapitel über das Herz)

Jede mentale Antwort auf diese Frage ist falsch, denn die Antwort lässt sich nicht in Worte fassen. Sie ist das wahre Wesen des Fragenden selbst.

Ramana betont, dass es sich um eine aktive Suche handelt, nicht um ein Mantra, das man mechanisch wiederholt (*japa*). Er räumt ein, dass der Weg der Selbstergründung nicht für jeden geeignet ist. Es ist dazu die entsprechende Reife nötig.

F.: „Worauf bezieht sich das ‚Ich' in der Suchfrage ‚Wer bin ich?'"

A.: „Auf das Ego. Es ist auch das Ego, das *vichara* tut. Das Selbst kennt kein *vichara*. Das Ego macht die Selbstergründung, und das Ich, das ergründet wird, ist ebenfalls das Ego. Durch die Selbstergründung hört das Ego auf zu existieren, und man findet heraus, dass nur das Selbst existiert." DD 21.11.1945 Nacht

In seinem Büchlein „Wer bin ich?" (Nan Yar) beschreibt Ramana die Methode folgendermaßen: „Wenn andere Gedanken auftauchen, dann denke den aufsteigenden Gedanken nicht zu Ende, sondern erforsche auf der Stelle: ‚Wer ist es, dem dieser Gedanke kommt?' Was macht es schon aus, wie viele Gedanken dir kommen? Sobald sich ein Gedanke bildet, erforsche aufmerksam: ‚Wem kommt dieser Gedanke?' Die Antwort lautet: ‚mir'. Wenn du weiterforschst: ‚Wer bin ich?', kehrt der Geist zu seinem Ursprung zurück, und der auftauchende Gedanke verblasst. Wenn du das ausdauernd praktizierst, wächst die Kraft des Geistes, in seiner Quelle zu bleiben." W S. 13

„Was im Körper als Ich aufsteigt, ist nichts anderes als der Geist. Wenn du untersuchst, wo im Körper sich der Ich-Gedanke zuerst manifestiert, wird offensichtlich, dass es im Herzen geschieht, denn das Herz ist die Geburtsstätte des Geistes. Selbst wenn wir beständig ‚Ich-Ich' denken, werden wir zu jenem Ort (i. e. dem Herzen) geführt.

Von allen Gedanken, die sich im Geist zeigen, ist der Ich-Gedanke der erste Gedanke. Erst nachdem er aufgetaucht ist, tauchen die anderen Gedanken auf. Erst wenn die erste Person (ich) sich zeigt, können auch die zweite und die dritte Person (du, er, sie, es) in Erscheinung treten. Ohne die erste Person können sie nicht existieren.

Nur durch den Prozess der Erforschung ‚Wer bin ich?' wird der Geist unterworfen. Der Gedanke ‚Wer bin ich?' vernichtet alle anderen Gedanken und wird schließlich selbst vernichtet, wie der Stock, mit dem man den Scheiterhaufen umrührt."[1] W S. 18 f.

F.: „Warum sollte nur Selbsterforschung als direkter Weg zur Erkenntnis (*jnana*) gelten?"

A.: „Weil jede andere Art der ‚spirituellen Übung' (*sadhana*), außer der Selbsterforschung (*atma vichara*) das Beibehalten des denkenden Geistes als Instrument voraussetzt, das die spirituelle Übung ausführt. Ohne den denkenden Geist kann kein *sadhana* geübt werden. Wenn das Ego auf den verschiedenen Stufen der Übung auch verschiedene und subtilere Formen annimmt, so ist es deshalb doch selbst niemals vernichtet. […]

Den Versuch, das Ego oder den Geist durch andere spirituelle Übungen (*sadhanas*) als durch das Forschen nach dem Selbst auszurotten, kann man damit vergleichen, dass der Dieb sich an einen Polizisten wendet, um den Dieb zu fangen, der er selbst ist. Nur das Ergründen des Selbst kann die Wahrheit offenbaren, dass weder das Ego noch der Geist in Wahrheit existieren, und den Übenden befähigen, die reine, ungeteilte Existenz des Selbst als das Absolute zu verwirklichen.

Nach der Verwirklichung des Selbst bleibt nichts mehr zu erkennen übrig, denn das Selbst ist vollkommene Seligkeit und Ganzheit an sich." G S. 65 f.

---

[1] Mit dem Stock drückt man die Leiche, die sich aufbäumt, nieder, damit sie völlig verbrennen kann. Schließlich verbrennt der Stock selbst.

F.: „Soll ich die Frage ‚Wer bin ich?' dann nicht damit beantworten, indem ich mir sage: ‚Ich bin nicht dieser Körper, sondern der Geist'?"

A.: „Nein. Die Erforschung ‚Wer bin ich?' bedeutet die Erforschung, wo im Körper dieser Ich-Gedanke entsteht. Wenn du dich auf die Erforschung dieses Ich-Gedankens, der der Ursprung aller anderen Gedanken ist, konzentrierst, werden alle Gedanken vernichtet, und das Selbst bzw. das große Ich bleibt übrig. Du erlangst dadurch nichts Neues und kommst auch nicht irgendwo an, wo du nie zuvor gewesen bist. Wenn alle anderen Gedanken, die das Selbst verbergen, beseitigt werden, erstrahlt das Selbst von sich aus." DD 24.11.1946

F.: „Worin besteht die Übung?"

A.: „In der beständigen Suche nach dem Ich, der Quelle des individuellen Ichs. ‚Wer bin ich?' – finde das heraus. Das reine Ich ist die Wirklichkeit, Sein-Bewusstsein-Seligkeit in seiner Absolutheit. Wenn man DAS vergisst, entsteht das ganze Elend. Wenn man DAS festhält, kann das Elend der Person nichts anhaben." Talk 17

F.: „Wenn ich versuche, ohne Gedanken zu sein, schlafe ich ein. Was soll ich dagegen tun?"

A.: „Wenn du einmal eingeschlafen bist, kannst du nichts weiter tun. Versuche, alle Gedanken fernzuhalten, solange du wach bist. Warum denkst du an den Schlaf? Selbst das ist ein Gedanke, oder nicht? Wenn du im Wachen ohne jeglichen Gedanken sein kannst, genügt das. Wenn du einschläfst, wird der Zustand, in dem du vor dem Einschlafen warst, fortdauern, und wenn du aufwachst, wirst du an dieser Stelle weitermachen. Solange es Gedanken an Handlungen gibt, gibt es auch den Schlaf. Gedanke und Schlaf bedingen einander." DD 25.4.1946 Vormittag

F.: „Aber die Antwort auf die innere Suche stellt sich nicht ein."

A.: „Der Fragende selbst ist die Antwort. Eine andere Antwort kann nicht kommen. Was neu auftaucht, kann nicht wahr sein. Nur das ist wirklich, was immer ist." Talk 44

„Die Wirklichkeit ist einfach der Verlust des Egos. Vernichte das Ego, indem du seine Identität suchst. Da das Ego keine selbständige Wesenheit ist, wird es automatisch verschwinden, und die Wirklichkeit wird von selbst aufleuchten. Dies ist die direkte Methode. Bei allen anderen Methoden behält man das Ego zurück. Dabei tauchen viele Zweifel auf, wobei die eigentliche Frage am Ende doch noch angegangen werden muss. Aber bei dieser Methode ist die eigentliche Frage die einzige, und sie wird von Anfang an gestellt. Man muss sich keinen spirituellen Übungen (*sadhanas*) widmen, um sich mit dieser Frage zu befassen.

Es gibt kein größeres Geheimnis als dieses: dass wir versuchen, die Wirklichkeit zu gewinnen, die wir selber sind. Wir glauben, dass etwas unsere Wirklichkeit verbirgt und man es vernichten muss, bevor man die Wirklichkeit erlangen kann. Das ist lächerlich. Es wird der Tag heraufdämmern, an dem du über deine früheren Bemühungen lachen wirst. Aber das, was an diesem Tag des Lachens da sein wird, das ist auch hier und jetzt gegenwärtig." Talk 143

F.: „Was muss man tun, um das Selbst zu erreichen?"

A.: „Das Ego muss vernichtet werden. Das Selbst kann nicht erreicht werden. Gibt es denn irgendeinen Augenblick, in dem das Selbst nicht ist? Es ist nicht neu. Sei, wie du bist. Was neu ist, kann nicht von Dauer sein. Was wirklich ist, muss dagegen immer existieren." Talk 41

F.: „Es muss einen stufenweisen Fortschritt geben, bevor man das Absolute erreicht. Gibt es verschiedene Grade der Wirklichkeit?"

A.: „Es gibt keine Grade der Wirklichkeit. Es gibt nur Grade der Erfahrung für das Individuum (*jiva*), nicht aber der Wirklichkeit. Wenn man irgendetwas Neues erlangen kann, dann kann es auch wieder verloren gehen, während das Absolute das Wesentliche ist, hier und jetzt." Talk 132

„Am Anfang kehrt der Geist erst nach langen Zeiträumen zur Suche zurück. Mit fortdauernder Übung werden die Zeiträume immer kürzer, bis er schließlich überhaupt nicht mehr umherwandert. Dann wird die schlummernde Kraft (*shakti*) offenbar. Der reine Geist (*sattva*) ist frei von Gedanken, während der leidenschaftliche und unruhige Geist (*raja*) voller Gedanken ist. Der reine Geist löst sich selbst im Strom des Lebens auf." Talk 91

F.: „Soll man, nachdem man sich die Frage ‚Wer bin ich?' gestellt hat, still sein oder sich die Antwort vorsagen wie etwa: ‚Ich bin nicht dieser Körper, diese Sinne', oder soll man die Frage ‚Wer bin ich?' wiederholen?"

A.: „Warum solltest du ständig ‚Wer bin ich?‘ wiederholen, als ob es ein *Mantra* wäre? Wenn andere Gedanken aufsteigen, dann frage: ‚Wem kommen diese Gedanken?‘ oder ‚Woher kommt dieses Ich, dem diese Gedanken kommen?‘ Damit werden die Gedanken abgehalten. Auch wenn man *Mantra-japa* übt und das *Mantra* vergisst, weil andere Gedanken den Geist beschäftigen, bemerkt man schließlich, dass man sein *Mantra* fallen gelassen hat, und beginnt damit von Neuem. Bei allen Wegen geht es darum, andere Gedanken außer den Gedanken an Gott oder das Selbst abzuhalten.“ DD 6.12.1945 Nacht

„Die Suchfrage ‚Wer bin ich?‘ bedeutet, den Ursprung des Egos oder Ich-Gedankens ausfindig zu machen. Du sollst nicht denken: ‚Ich bin nicht dieser Körper‘ usw. Die Wurzel des Ichs zu suchen, dient als ein Mittel, um alle anderen Gedanken loszuwerden. Wir sollten solchen Gedanken wie den erwähnten keinen Platz einräumen, sondern unsere Aufmerksamkeit darauf richten, den Ursprung des Ich-Gedankens zu finden. Sobald ein Gedanke auftaucht, frage, wem er kommt. Die Antwort ist: ‚Mir kommt dieser Gedanke.‘ Dann frage weiter: ‚Wer ist dieses Ich, und wo hat es seinen Ursprung?‘“ DD 28.12.1945 Nachmittag

„Die Leute befürchten, dass das Ergebnis der Zerstörung des Egos eine Leere und nicht Glück bringt. Was wirklich geschieht, ist, dass der Denker, das Objekt seiner Gedanken und der Vorgang des Denkens in der einen Quelle aufgehen, die Bewusstheit und Seligkeit ist. Deshalb ist dieser Zustand weder unbewusst noch leer. Ich verstehe nicht, warum die Leute sich vor diesem Zustand fürchten, in dem alle Gedanken aufhören und der Geist zerstört ist. Sie erleben ihn jeden Tag im Tiefschlaf, in dem es keinen Geist und keinen Gedanken gibt. Doch wenn man aufwacht, sagt man: ‚Ich habe selig geschlafen.‘ Der Schlaf ist jedem so teuer, dass keiner, ob Prinz oder Bettler, ohne ihn auskommen kann. Wenn man schlafen möchte, kann selbst die größte weltliche Freude einen nicht davon abhalten. Nehmen wir den König, der schlafen möchte. Da kommt seine Frau, die ihm das Liebste ist, und stört ihn. Selbst sie schiebt er beiseite, weil er lieber schlafen will. Das ist ein Hinweis darauf, dass man das höchste Glück erfährt, wenn alle Gedanken aufhören. Wenn man sich nicht fürchtet, schlafen zu gehen, gibt es auch keinen Grund, sich zu fürchten, den Geist bzw. das Ego durch *sadhana* zu töten.“ DD 24.12.1945 Abend

F.: „Bitte sage mir, wie ich das Ich verwirklichen kann. Soll ich ‚Wer bin ich?' als *japa* wiederholen?"

A.: „Nein, ein solches *japa* ist damit nicht gemeint."

F.: „Soll ich ‚Wer bin ich?' denken?"

A.: „Du hast erkannt, dass der Ich-Gedanke auftaucht. Halte am Ich-Gedanken fest und finde seine Quelle." Talk 486

F.: „Aber ist es nicht sonderbar, dass das Ich nach dem Ich suchen soll? Ist nicht die Ergründung ‚Wer bin ich?' am Ende eine leere Formel? Oder soll ich mir diese Frage endlos stellen und sie wie ein Mantra wiederholen?"

A.: „Die Selbstergründung ist bestimmt keine leere Formel. Sie ist mehr als nur die Wiederholung irgendeines Mantras. Wenn die Ergründung ‚Wer bin ich?' nur eine mentale Frage wäre, hätte sie nicht viel Wert. Der eigentliche Zweck der Selbstergründung ist, den gesamten Geist auf seinen Ursprung zu richten. Es geht also nicht darum, dass ein Ich ein anderes Ich sucht. Noch weniger ist die Selbstergründung eine leere Formel, denn sie erfordert eine intensive Aktivität des gesamten Geistes, um ihn stetig in reinem Selbstgewahrsein zu halten. Die Selbstergründung ist das einzige unfehlbare und direkte Mittel, um das unbedingte, absolute Sein zu verwirklichen, das du in Wirklichkeit bist." G S. 35-38

> Ramana betont, dass die Übung bis zum Schluss fortgesetzt werden muss, sei es die Ergründung oder die Hingabe an Gott.

F.: „Wie lange muss diese Übung fortgesetzt werden?"

A.: „Bis man damit Erfolg hat und die Yoga-Befreiung beständig geworden ist. Erfolg zeugt Erfolg. Ist eine Ablenkung überwunden, überwindet man die nächste usw., bis sie schließlich alle überwunden sind. Es ist, wie wenn man eine feindliche Festung erobert, indem man die Feinde niederstreckt, einen nach dem anderen, sobald sie herauskommen. […]

Das Ich wirft die Illusion des Ichs ab und bleibt dennoch das Ich. Das ist das Paradoxe an der Selbstverwirklichung. Der Verwirklichte sieht darin jedoch keinen Widerspruch. Denk an *bhakti* (Gottesverehrung). Ich nähere mich *Isvara* und bete, in Ihm aufzugehen. Dann übergebe ich mich Ihm im Glauben und durch Konzentration. Was bleibt danach übrig? Anstelle des ursprünglichen Ichs hinterlässt die völlige Selbsthingabe etwas, das Gott ist, in dem das Ich verloren gegangen ist. Dies ist die höchste Form von Liebe (*parabhakti*) oder Hingabe (*prapatti*) und der Gipfel der Entsagung (*vairagya*).

Du magst dies und jenes von ‚deinem‘ Besitz aufgeben, aber wenn du stattdessen das Ich und Mein aufgibst, ist damit alles auf einmal aufgegeben, und der Same des Besitztums ist zerstört. Auf diese Weise ist das Übel im Keim erstickt. Aber man muss große Losgelöstheit (*vairagya*) haben, um das zu tun. Das Verlangen danach muss so groß sein wie das eines Menschen, den man unter Wasser hält, an die Oberfläche zu kommen und zu atmen.“ Talk 28

> Ramana erwähnt, dass bei erfolgreicher Ergründung die eigene Bemühung an eine Grenze stößt. Das Selbst übernimmt dann und offenbart sich.

F.: „Ich verstehe es immer noch nicht. Du sagst, dass das Ich jetzt das falsche Ich ist. Wie soll ich das falsche Ich beseitigen?“

A.: „Du musst kein falsches Ich beseitigen. Wie könnte das Ich sich selbst beseitigen? Alles, was du tun musst, ist, seinen Ursprung zu finden und dort zu bleiben. Deine Bemühung kann nur so weit gehen. Dann wird das, was jenseits ist, für sich selbst sorgen. Dort bist du hilflos. Kein Bemühen kann Es erreichen.“ Talk 197

„*Sadhana* (die spirituelle Übung) ist nötig, solange man nicht verwirklicht hat. Es ist dazu gedacht, die Hindernisse zu beseitigen. Schließlich kommt der Mensch in einen Zustand, in dem er sich trotz des *sadhana* völlig hilflos fühlt. Er kann das *sadhana* nicht mehr ausführen, das er seit langem übt. Das ist der Augenblick, in dem er Gottes Macht erkennt und das Selbst sich offenbart.“ Talk 647

> Am Ende muss man sich gewahr sein, dass das, was erreicht werden soll, nichts Neues ist, sondern immer schon da war.

„*Mukti*, die Befreiung, ist unsere Natur. Sie ist ein anderer Name für uns. Es ist schon seltsam, dass wir Befreiung wollen. Es ist, als würde jemand, der im Schatten ist, ihn freiwillig verlassen und in die Sonne gehen. Er spürt die brennende Hitze, strengt sich an, wieder in den Schatten zu kommen, und frohlockt dann: ‚Wie wohltuend ist doch der Schatten! Nach allem habe ich den Schatten erreicht!‘ Wir tun genau dasselbe. Wir sind von der Wirklichkeit nicht verschieden, doch wir glauben, dass wir uns von ihr unterscheiden, d.h. wir erschaffen das Empfinden von Verschiedenheit. Dann machen wir intensive spirituelle Übungen, um dieses Gefühl loszuwerden und die Einheit zu erfahren. Wozu erschaffen wir das Empfinden der Verschiedenheit, um es dann wieder zu zerstören?" DD 15.3.1946 Vormittag

„Obwohl man das ‚Ich' ständig erfährt, muss man trotzdem seine Aufmerksamkeit darauf lenken. Nur dann dämmert Erkenntnis." Talk 92

„Wenn wir davon sprechen, das Selbst zu erkennen, müsste es zwei Selbste geben, ein erkennendes und ein erkanntes Selbst, sowie den Prozess des Erkennens. Der Zustand, den wir ‚Verwirklichung' nennen, ist einfach, sich selbst zu sein, und nicht etwas zu wissen oder zu werden. Wenn man verwirklicht hat, ist man das, was einzig ist und was immer schon war. Man kann es nicht beschreiben, sondern nur sein. Wir reden leichthin von ‚Selbstverwirklichung', da es keinen besseren Begriff dafür gibt. Aber wie soll man das verwirklichen oder wirklich machen, was allein wirklich ist? Wir alle verwirklichen das Unwirkliche, indem wir es für wirklich halten. Diese Angewohnheit müssen wir aufgeben. Jede spirituelle Übung, gleichgültig welcher Lehre sie folgt, ist nur dazu gedacht. Wenn wir damit aufhören, das Unwirkliche für wirklich zu halten, bleibt allein die Wirklichkeit übrig, und die sind wir." DD 22.3.1946 Nachmittag

Der Tod des individuellen Ichs bedeutet die wahre Wiedergeburt. Dabei wird das „Ich-Ich" (*aham sphurana*) dauerhaft erfahren. (s.a. Kapitel über das Herz)

„Du existierst, gleichgültig, ob das individuelle Ich-Gefühl da ist oder nicht. Du bist seine Quelle, aber nicht dieses individuelle Ich-Gefühl. Befreiung (*mukti*) bedeutet, die Wurzel für diese Geburten und Tode ausfindig zu machen und das individuelle Ich-Gefühl in seiner Wurzel zu vernichten. Das ist die Befreiung. Sie ist Tod mit vollem Bewusstsein. Wenn man auf diese Weise stirbt, wird man gleichzeitig am selben Ort wiedergeboren, indem sich das pulsierende ewige Ich (*aham sphurana)* als ‚Ich-Ich' bemerkbar macht. Wer wiedergeboren wird, hat keine Zweifel mehr." N 11.9.1947

F.: „Kann unser *sadhana* sofort Erfolg haben?"

A.: „Manchmal wirkt es sofort und manchmal nicht. Es hängt von der Intensität des *sadhana* ab. Wenn man mit großer Intensität gute oder schlechte Taten vollbringt, zeigen sich die Ergebnisse sofort. Andernfalls zeigen sie sich erst allmählich. Doch die Ergebnisse stellen sich auf jeden Fall ein. Es geht nicht anders." N 20.9.1948

# Die negierende und die affirmative Methode

Die *Neti-Neti*-Methode (nicht dies, nicht das) ist im Hinduismus eine übliche Praxis der Verneinung des Nicht-Selbst. Alles wird verneint, bis nur noch der Verneinende selbst übrig bleibt. So kann man mit dem Körper beginnen: Bin ich der Körper? – nein. Bin ich der Geist? – nein. Bin ich der Atem? – nein, usf. Am Schluss bleibt nur der Fragende selbst übrig, den man nicht ausschließen kann.

Manche Schüler übten diese Methode. Ramana empfahl sie nicht, da es eine rein mentale Methode ist, die sich irgendwann totläuft. Er empfiehlt vielmehr die Selbstergründung.

F.: „Ich beginne mit der Frage ‚Wer bin ich?‘ und schließe nacheinander den Körper, den Atem und den Geist als Nicht-Ich aus. Aber dann komme ich nicht mehr weiter."

A.: „Das ist in Ordnung, soweit es den Verstand betrifft. Dein Vorgehen ist rein mental. Die Schriften erwähnen dieses Vorgehen nur, um den Sucher zur Erkenntnis der Wahrheit zu führen. Die Wahrheit kann nicht direkt gezeigt werden, deshalb dieses verstandesmäßige Vorgehen. Aber wie du siehst, kann derjenige, der alles Nicht-Ich ausschließt, das Ich nicht ausschließen. Um sagen zu können: ‚Ich bin nicht dies‘ oder ‚Ich bin DAS‘, muss es ein Ich geben, welches das sagt. Dieses Ich ist nur das Ego oder der Ich-Gedanke. Erst nachdem der Ich-Gedanke aufgetaucht ist, tauchen alle anderen Gedanken auf. Der Ich-Gedanke ist deshalb der Wurzelgedanke. Wird die Wurzel ausgerissen, dann ist damit gleichzeitig auch alles andere entwurzelt. Suche deshalb die Wurzel des ‚Ichs‘. Frage dich: ‚Wer bin ich?‘ Finde den Ursprung des Ichs. Dann werden all diese Probleme verschwinden, und nur das reine Selbst bleibt übrig." Talk 197

F.: „Ich weiß nicht, wie ich die Suchfrage ‚Wer bin ich?‘ üben soll.«

A.: „Finde heraus, wo sich das ‚Ich‘ erhebt. Selbstergründung bedeutet nicht, zu argumentieren und zu überlegen, wie etwa, wenn man zu sich sagt: ‚Ich bin nicht dieser Körper. Ich bin nicht die Sinne‘ etc. Das kann zwar auch hilfreich sein, ist aber nicht die Ergründung. Beobachte und finde heraus, wo im Körper sich das ‚Ich‘ erhebt, und richte deinen Geist darauf." DD 19.7.1946

Das Gegenstück zur negierenden Methode ist die affirmative Methode, indem man sagt oder denkt: *„Aham Brahmasmi"* (Ich bin *Brahman*) oder „Ich bin Er". Mit Er ist *Brahman* oder *Atman* gemeint. Für diese Methode gilt dasselbe.

F.: „Hilft der Gedanke ‚Ich bin Gott' oder ‚Ich bin das höchste Sein'?"

A.: „Es heißt: ‚Ich bin, der ich bin.' ‚Ich bin' ist Gott, nicht zu denken ‚Ich bin Gott.' Verwirkliche ‚ich bin', denke nicht ‚ich bin'. Es heißt: ‚Wisse, dass ich Gott bin' und nicht: ‚Denke, dass ich Gott bin'. Es heißt: ‚Ich bin, der ich bin.' Das bedeutet, dass man als Ich verbleiben muss. Man ist immer nur das Ich und nichts anderes." Talk 354

F.: „Was ist das beste Mittel, um Selbstverwirklichung zu erlangen?"

A.: „‚Ich bin' ist die einzig beständige, unmittelbare Erfahrung eines jeden. Nichts ist so unmittelbar wie ‚ich bin'. Was die Leute als unmittelbar bezeichnen, wie etwa die Sinneserfahrungen, ist weit davon entfernt, unmittelbar zu sein. Nur das Selbst ist es. Unmittelbarkeit ist ein anderer Name für das Selbst. Deshalb muss man lediglich Selbstanalyse betreiben und dieses ‚ich bin' sein. ‚Ich bin' ist die Wirklichkeit. ‚Ich bin dies oder das' ist unwirklich. ‚Ich bin' ist die Wahrheit und ein anderer Name für das Selbst. ‚Ich bin Gott' entspricht dagegen nicht der Wahrheit."

F.: „Die Upanishaden lehren aber die Meditation: ‚Ich bin *Brahman*'."

A.: „So darf dieser Text nicht verstanden werden. Er bedeutet lediglich, dass *Brahman* als ‚Ich' existiert. Es ist keine Anweisung, dass man beständig meditieren soll: ‚Ich bin *Brahman*'. Denkt etwa ein Mensch immerfort: ‚Ich bin ein Mensch'? Er ist ein Mensch. Nur wenn er darüber im Zweifel wäre, ob er ein Tier oder ein Baum ist, müsste er beteuern: ‚Ich bin ein Mensch'. Ebenso ist das Selbst das Selbst. *Brahman* existiert in allem und in jedem Lebewesen als ‚Ich bin'." DD 22.3.1946 Nachmittag

# Das Herz als Zentrum der Erfahrung des Selbst

Ramana betont, dass nicht der Kopf, sondern das spirituelle Herz der Sitz des Bewusstseins ist, womit er mit dem Herzen nicht das Organ und auch nicht das Herzchakra des Kundalini-Yoga meint.

Ramana spricht vom Herzen auf der rechten Seite der Brust als Ort, wo das Ich aufsteigt und wieder eingeht. Es ist der Ort der Erfahrung des Selbst. Gleichzeitig betont er, dass es keinen Ort gibt, da das Selbst nicht begrenzt werden kann. Dennoch gibt es auf der Ebene des Körpers eine Erfahrung, die darauf hinweist, dass die Verwirklichung naht. Dass dieses Herz auf der relativen Ebene der Sitz des Selbst im Körper ist, wird deutlich, wenn wir auf uns selbst als „Ich" zeigen und damit mit der Hand auf die rechte Brust deuten.

F.: „Warum sagst du, dass das Herz auf der rechten Seite liegt, während die Biologen festgestellt haben, dass es links liegt?"

A.: „Das stimmt. Keiner leugnet, dass das physische Organ links liegt. Aber das Herz, von dem ich spreche, ist nicht das physische und liegt rechts. Das ist meine Erfahrung. Ich brauchte dafür keine andere Autorität zu bemühen. Aber du kannst es in einem ayurvedischen Buch in Malayalam und in der Sita Upanishad bestätigt finden." Talk 4

„Mit ‚Herz' ist nicht das physische Herz gemeint, sondern das spirituelle. *Hridayam = hrit + ayam* = Das ist das Zentrum. Das Herz ist das, woraus sich die Gedanken erheben, auf dem sie beruhen und in dem sie sich wieder auflösen. Gedanken sind der Inhalt des Geistes. Sie bilden das Universum. Das Herz ist das Zentrum von allem. ‚*Yatova imani bhutani jayante*' (das, woraus diese Lebewesen ins Sein kommen) nennt man in den Upanishaden *Brahman*. Das ist das Herz. *Brahman* ist das Herz."

F.: „Wie erkennt man das Herz?"

A.: „Es gibt niemanden, der auch nur für einen Augenblick das Selbst nicht erfährt. Denn keiner sagt, er sei jemals von sich selbst getrennt. Er ist das Selbst. Das Selbst ist das Herz." Talk 97

„Da das Ich aus dem Herzen kommt, muss es bei der Selbstverwirklichung auch dorthin zurücksinken und untergehen." DD 16.6.1946

„In den *Veden* und den anderen Schriften wird mit ‚Herz‘ die Stelle bezeichnet, wo der Ich-Gedanke entspringt. Kann er aus einem Fleischklumpen entspringen? Er entspringt etwas rechts von der Mitte unseres Körpers. Aber das wahre Ich hat keinen Ort. Alles ist das Selbst. Es gibt nichts anderes außer Es. Deshalb muss man sagen, dass das Herz unser ganzer Körper und das ganze Universum ist, das wir als Ich wahrnehmen. Um aber dem Übenden (*abhyasi*) zu helfen, müssen wir auf einen bestimmten Teil des Universums oder des Körpers hinweisen. Deshalb wird auf das Herz als Sitz des Selbst verwiesen. In Wirklichkeit sind wir jedoch überall, wir sind alles, was ist, und etwas anderes gibt es nicht.“ Talk 29

F.: „Manchmal hören die Gedanken plötzlich auf, und ein ‚Ich-Ich‘ erhebt sich ebenso plötzlich und bleibt bestehen. Es ist nur im Empfinden, nicht im Denken. Kann das richtig sein?“

A.: „Ja, das ist ganz richtig. Die Gedanken müssen aufhören, und der Verstand muss verschwinden, damit das ‚Ich-Ich‘ sich erheben und empfunden werden kann. Das Empfinden ist der Hauptfaktor, nicht das Verstehen.“

F.: „Zudem geschieht es nicht im Kopf, sondern auf der rechten Seite der Brust.“

A.: „So sollte es sein, denn dort liegt das spirituelle Herz.“

F.: „Wenn ich mich dann nach außen wende, verschwindet es. Was soll ich tun?“

A.: „Halte es fest.“ Talk 24

„Wenn man dich fragt, wer du bist, dann legst du deine Hand auf die rechte Seite der Brust und sagst: ‚Ich bin.‘ Hiermit deutest du unwillkürlich auf das Selbst. Das Selbst ist also bekannt. Das Individuum ist nur deshalb unglücklich, weil es Geist und Körper mit dem Selbst verwechselt. Dafür ist dieser Irrtum verantwortlich. Man muss ihn nur beseitigen. Dann ergibt sich die Verwirklichung von selbst.“ Talk 97

„Erkenne, wo im Körper sich das Ich erhebt. Allerdings ist es nicht ganz richtig zu sagen, dass das Ich vom Herzen auf der rechten Brustseite aufsteigt und dort wieder untergeht. Das Herz ist ein anderer Name für die Wirklichkeit und ist weder innerhalb noch außerhalb des Körpers. Für das Herz kann es kein Innen und Außen geben, da es das Einzige ist, was existiert. Ich meine mit dem Herzen nicht das physische Organ oder irgendein Nervengeflecht. Solange man sich mit dem Körper identifiziert und glaubt, dass man der Körper ist, muss man erkennen, wo im Körper sich der Ich-Gedanke erhebt und wohin er wieder eingeht. Es muss das Herz auf der rechten Brustseite sein, da jeder, gleichgültig welcher Rasse und Religion er angehört und in welcher Sprache er ‚ich' sagt, auf diese Stelle deutet, wenn er sich selbst meint. Da das weltweit so ist, muss es der Ort sein. Wenn man das Auftauchen des Ich-Gedankens beim Aufwachen und sein Verschwinden beim Einschlafen aufmerksam beobachtet, kann man erkennen, dass es im Herzen auf der rechten Brustseite geschieht." DD 23.5.1946

„Das Herz ist kein Konzept, kein Meditationsobjekt. Es ist vielmehr der Sitz der Meditation. Allein das Selbst bleibt übrig. Du siehst den Körper und die Welt im Herzen. Es gibt nichts, was vom Herzen gesondert wäre. Somit haben alle Arten von Bemühungen dort ihren Sitz." Talk 403

Ramana vergleicht das Herz mit der Sonne und den Geist mit dem Mond.

„Das Selbst ist das Herz. Das Herz strahlt aus sich selbst. Das Licht entsteht aus dem Herzen und erreicht das Gehirn, welches der Sitz des Geistes ist. Die Welt wird mit dem Geist gesehen, das bedeutet, durch das reflektierte Licht des Selbst. Sie wird mithilfe des Geistes wahrgenommen. Ist der Geist erhellt, nimmt er die Welt wahr. Andernfalls nimmt er sie nicht wahr. Wird der Geist nach innen zur Quelle des Lichts gerichtet, findet die objektive Erkenntnis ein Ende, und allein das Selbst erstrahlt als das Herz.

Der Mond scheint, weil er das Sonnenlicht reflektiert. Ist die Sonne untergegangen, benötigt man das Mondlicht, um etwas zu sehen. Ist aber die Sonne aufgegangen, benötigt keiner mehr den Mond, obwohl seine bleiche Scheibe noch am Himmel zu sehen ist. Ebenso ist es mit dem Geist und dem Herzen. Der Geist ist nützlich, weil er das Licht reflektiert. Man braucht ihn, um Objekte zu sehen. Wird er nach innen gerichtet, erstrahlt die Quelle des Lichts von selbst, und der Geist ist blass und nutzlos wie der Mond bei Tageslicht." Talk 98

„Wenn es im Zimmer dunkel ist, benötigt man eine Lampe, um es zu erhellen, und Augen, um Gegenstände zu erkennen. Ist aber die Sonne aufgegangen, dann benötigt man keine Lampe mehr, um die Gegenstände zu erkennen, und erst recht nicht, um die Sonne selbst zu sehen. Es genügt, dass du deine Augen auf die selbstleuchtende Sonne richtest.

Mit dem Geist ist es ähnlich. Um Gegenstände wahrzunehmen, ist das reflektierte Licht des Geistes nötig. Um das Herz zu sehen, genügt es, den Geist darauf zu richten. Dann verliert sich der Geist, und das Herz erstrahlt." Talk 99

F.: „In der Brust soll es sechs verschiedenfarbige (feinstoffliche) Organe geben, von denen das spirituelle Herz zwei Fingerbreit rechts von der Mitte der Brust liegt. Das Herz ist aber auch gestaltlos. Sollen wir es uns als eine Form vorstellen und darüber meditieren?"

A.: „Nein. Nur die Frage ‚Wer bin ich?' ist nötig. Was während des Tiefschlafs und Wachens fortbesteht, ist dasselbe. Nur ist man während des Wachens unglücklich und strengt sich deshalb an, um dieses Unglück loszuwerden. Wenn man dich fragt, wer vom Schlaf erwacht, antwortest du: ‚Ich'. Halte dieses Ich fest, dann offenbart sich das ewige Sein. Das Entscheidende ist die Ergründung dieses Ichs und nicht die Meditation über das Herzzentrum. Es gibt kein Innen und Außen. Beides bedeutet entweder dasselbe oder gar nichts.

Natürlich gibt es auch die Meditation über das Herzzentrum, die eine Form der spirituellen Übung ist. Sie ist aber nicht die Ergründung. Nur wer über das Herz meditiert, kann bewusst bleiben, wenn der Geist aufhört, aktiv zu sein und still bleibt, während jene, die über andere Zentren meditieren, das Gewahrsein nicht beibehalten können, sondern nur folgern, dass der Geist still war, nachdem er wieder aktiv geworden ist." Talk 13

> Ramana spricht davon, dass die Erfahrung des spirituellen Herzens sich in *sphurana*, einem Pochen, Erstrahlen, äußert, das der Verwirklichung vorausgeht.

F.: „Was bedeutet *sphurana* (erstrahlen)?"

A.: „›Ich-Ich‹ (*aham, aham*) ist das Selbst. ‚Ich bin dies' oder ‚Ich bin das' (*aham idam*) ist das Ego. Das Erstrahlen ist immer da. Das Ego ist vergänglich. Wird das Ich allein als Ich aufrechterhalten, dann ist es das Selbst. Weicht es ab und sagt ‚dies', dann ist es das Ego." Talk 363

F.: „Was ist *sphurana* (eine schwer zu beschreibende, aber fühlbare Regung im Herzzentrum)?"

A.: „*Sphurana* empfindet man bei verschiedenen Gelegenheiten wie etwa bei Furcht, Aufregung und dergleichen. Obwohl es immer und überall da ist, empfindet man es in einem bestimmten Zentrum und bei bestimmten Gelegenheiten. Man bringt es mit vorherigen Ursachen in Verbindung und verwechselt es mit körperlichen Reaktionen. Dabei ist es ganz allein und rein. Es ist das Selbst. Wenn man den Geist auf das *sphurana* richtet und es beständig und automatisch empfindet, ist es Verwirklichung.

*Sphurana* ist der Zustand, der der Verwirklichung vorausgeht. Es ist rein. Subjekt und Objekt gehen von ihm aus. Hält der Mensch sich irrtümlich für das Subjekt, dann müssen die Objekte notwendigerweise als von ihm verschieden erscheinen. Sie werden periodisch zurückgezogen und projiziert, erschaffen die Welt und die Freude, die das Subjekt an ihr hat. Versteht sich der Mensch aber als eine Filmleinwand, auf die sowohl Subjekt als auch Objekt projiziert werden, dann kann es keine Verwechslung mehr geben. Er kann dann beobachten, wie sie kommen und gehen, ohne davon in seinem Selbst gestört zu werden." Talk 62

F.: „Bitte erkläre, was *aham sphurana* (das Licht des ‚Ich-Ich') ist."

A.: „[…] Es ist der natürliche, ursprüngliche Zustand des *jnani* oder Befreiten. Es ist eine ununterbrochene Erfahrung, die sich durchsetzt, wenn das relative Bewusstsein verebbt. *Aham vritti* (der Ich-Gedanke) ist zeitlich begrenzt, *aham sphurana* (das Licht des ‚Ich-Ich') ist ewig und beständig. Nachdem die Gedanken verebbt sind, erstrahlt das Licht." Talk 307

# Konzentration und Meditation

Für jene, die nicht direkt Selbstergründung oder Hingabe an Gott üben können, empfiehlt Ramana die im Yoga üblichen Methoden der Geisteskontrolle durch Konzentration, Unterscheidung und Entsagung sowie Meditation. Im Unterschied zur Selbstergründung (*vichara*) benötigt Meditation ein Objekt.

Da der Geist rastlos ist, muss er kontrolliert werden. Allerdings macht der Anfänger beim Meditieren oft die Erfahrung, dass ihm gerade während der Meditation besonders viele Gedanken kommen. Ramana erklärt, dass dies normal sei, da alles, was innen ist, herauskommen müsse. Er betont, dass Anstrengung nötig sei, bevor sich Mühelosigkeit einstellt.

„Der Geist ist von Natur aus rastlos. Beginne, ihn von seiner Rastlosigkeit zu befreien. Gib ihm Frieden. Befreie ihn von Ablenkungen. Erziehe ihn dazu, nach innen zu blicken. Lass dies zur Gewohnheit werden. Das tut man, indem man die äußere Welt ignoriert und die Hindernisse, die dem Frieden des Geistes im Weg stehen, beseitigt."

F.: „Wie beseitigt man die Rastlosigkeit des Geistes?"

A.: „Äußere Kontakte – Kontakte mit Objekten, die von ihm verschieden sind – machen den Geist rastlos. Als Erstes sollte man dem Nicht-Selbst sein Interesse entziehen (*vairagya*). Dann folgt die Gewöhnung an die Innenschau und Konzentration. Deren Merkmal ist die Kontrolle über die äußeren Sinne und die inneren Fähigkeiten wie Gleichmut (*sama*), Beherrschung der Sinne (*dama*) usw.[1] Sie endet in *samadhi*, dem Geist, der von nichts abgelenkt wird." Talk 26

F.: „Aber es ist nicht leicht, ohne Gedanken zu bleiben."

A.: „Du musst nicht aufhören zu denken. Denke nur an die Wurzel der Gedanken, suche sie und finde sie. Das Selbst erstrahlt aus sich selbst. Wenn man es findet, hören die Gedanken von allein auf. Das ist Freiheit von der Gebundenheit." Talk 524

---

[1] Die sechs Tugenden des Yoga: *sama* (Gleichmut), *dama* (Beherrschung der Sinne), *uparati* (Entsagung), *titiksha* (Durchhaltevermögen bei widrigen Umständen), *shradha* (Glaube) und *samadhana* (Erkenntnis, die den Geist überschreitet).

F.: „Der Geist wandert immer. Ich kann ihn nicht unter Kontrolle bringen."

A.: „Es ist das Wesen des Geistes, umherzuwandern. Du bist nicht der Geist. Der Geist erhebt sich und sinkt wieder. Er ist nicht dauerhaft, sondern vergänglich, während du ewig bist. Es gibt nichts als das Selbst. Es geht lediglich darum, im Selbst zu bleiben. Kümmere dich nicht um den Geist. Wenn man seinen Ursprung sucht, verschwindet er und lässt das unberührte Selbst zurück."

F.: „Dann braucht man den Geist also gar nicht zu kontrollieren?"

A.: „Wenn du das Selbst verwirklichst, dann gibt es keinen Geist, den du kontrollieren musst. Er verschwindet einfach, und das Selbst erstrahlt. Dem Verwirklichten ist es einerlei, ob sein Geist tätig oder untätig ist. Was für ihn zählt, ist nur das Selbst, denn Geist, Körper und Welt sind nicht vom Selbst getrennt. Sie erheben sich aus dem Selbst und sinken wieder in es zurück. Sie sind nicht vom Selbst getrennt. Wie könnten sie also vom Selbst verschieden sein? Sei dir lediglich des Selbst gewahr. Warum sorgst du dich um diese Schatten? Wie können sie das Selbst berühren?" Talk 97

F.: „Wenn ich mich konzentriere, kommen mir alle möglichen störenden Gedanken. Je mehr ich mich konzentriere, desto mehr Gedanken kommen. Was soll ich tun?"

A.: „Ja, so ist es. Alles, was im Innern ist, versucht herauszukommen. Es gibt keinen anderen Weg, als den Geist jedes Mal, wenn er abschweift, zurückzuholen und ihn auf das Selbst zu richten." DD 21.11.1945 Nachmittag

„Es gibt keinen anderen Weg, als den Geist jedes Mal, wenn er nach außen abschweift, zurückzuziehen und auf das Selbst zu richten. Man muss keine Meditation, kein *Mantra-japa* oder etwas Derartiges üben, da sie unsere wahre Natur sind. Man muss lediglich damit aufhören, die Objekte als etwas anderes als das Selbst zu betrachten. Meditation bedeutet nicht so sehr, an das Selbst zu denken, als vielmehr, damit aufzuhören, an das Nicht-Selbst zu denken. Wenn du damit aufhörst, an äußere Objekte zu denken, deinen Geist hinderst, nach außen zu gehen, und ihn nach innen wendest und im Selbst festigst, bleibt nur das Selbst übrig."

F.: „Was soll ich tun, um dem Drängen der Gedanken und Wünsche zu entkommen? Wie soll ich mein Leben ordnen, um Kontrolle über meine Gedanken zu bekommen?"

A.: „Je mehr du dich im Selbst festigst, desto mehr fallen andere Gedanken von selbst ab. Der Geist ist lediglich ein Bündel von Gedanken, und der Ich-Gedanke ist der Wurzelgedanke. Wenn du erkennst, wer dieses ‚Ich' ist und woher es kommt, gehen alle anderen Gedanken im Selbst unter." DD 18.7.1946

„Der Geist ist wie eine Kuh, die schon so lange daran gewöhnt ist, verstohlen auf anderen Weiden zu grasen. Sie lässt sich nicht so leicht an ihren Stall gewöhnen. So sehr ihr Besitzer sie auch mit köstlichem Gras und feinem Futter lockt, sie nimmt es beim ersten Mal nicht an. Dann nimmt sie ein wenig davon, aber ihre innere Neigung drängt sie immer noch dazu, auszureißen, und sie entwischt. Nachdem der Besitzer sie wiederholt mit gutem Futter gelockt hat, gewöhnt sie sich allmählich an den Stall. Schließlich entwischt sie nicht einmal mehr dann, wenn sie freigelassen wird. Ähnlich ist es mit dem Geist. Wenn er einmal sein inneres Glück gefunden hat, will er nicht mehr nach außen wandern." Talk 213

„Ohne Bemühen kein Erfolg. Die Geisteskontrolle ist nicht dein Geburtsrecht. Die wenigen, denen es gelingt, verdanken den Erfolg ihrer Ausdauer.

Wenn ein Bahnreisender seine Last auf dem Kopf behält, ist es seine eigene Dummheit. Er kann sie ablegen und wird finden, dass sie trotzdem den Bestimmungsort erreicht. Ebenso sollen wir uns nicht als Täter aufspielen, sondern uns der führenden Macht überlassen." Talk 398

F.: „Ich konzentriere mich manchmal auf das Zentrum im Gehirn und manchmal auf das im Herzen. Ist das falsch?"

A.: „Auf welches Zentrum du dich auch konzentrierst, es muss ein Ich da sein, das sich konzentriert, und auf dieses Ich solltest du dich konzentrieren. Verschiedene Menschen konzentrieren sich auf verschiedene Zentren, nicht nur auf den Kopf und aufs Herz, sondern auch auf den Punkt zwischen den Augenbrauen, auf die Nasen- und Zungenspitze, auf das Wurzelchakra und selbst auf äußere Objekte. Diese Konzentration kann zu einer gewissen Gedankenstille (*laya*) führen, in der du Glück empfindest, aber man muss darauf achten, dabei den Ich-Gedanken ‚Ich bin' nicht zu verlieren. Du hörst in all diesen Erfahrungen nicht auf zu existieren." DD 18.7.1946

> Ein Hilfsmittel, um den Geist zu kontrollieren, ist die Konzentration auf einen Gedanken unter Ausschluss aller anderen Gedanken.

„Jeder klagt über die Unruhe des Geistes. Wenn man den Geist findet, weiß man Bescheid. Es stimmt: Wenn sich ein Mensch zur Meditation hinsetzt, kommen ihm haufenweise Gedanken. Der Geist ist nur ein Bündel von Gedanken. Der Versuch, die Gedankenbarriere zu durchbrechen, bleibt erfolglos. Es ist gut, wenn man durch irgendeine Methode im Selbst bleiben kann. Jenen, die dazu nicht in der Lage sind, werden *japa* oder Meditation empfohlen. Es ist, als würde man dem Elefanten eine Kette geben, damit er sie mit dem Rüssel festhält. Der Rüssel des Elefanten ist gewöhnlich ruhelos. Der Elefant schlenkert ihn in alle Richtungen, wenn er durch die Straßen der Stadt geführt wird. Gibt man ihm eine Kette zu tragen, wird damit seine Unruhe in Schach gehalten.

Mit dem unruhigen Geist ist es dasselbe. Wenn man ihn mit *japa* oder *dhyana* beschäftigt, werden andere Gedanken abgewehrt, und der Geist konzentriert sich auf einen einzigen Gedanken. Dadurch wird er friedvoll. Doch der Friede kann nicht ohne einen langen Kampf errungen werden. Man muss die anderen Gedanken bekämpfen." Talk 326

F.: „Mein Geist ist sehr unstet. Was soll ich dagegen tun?"

A.: „Richte deine Aufmerksamkeit auf eine einzige Sache und versuche, daran festzuhalten. Alles wird gut werden."

F.: „Ich finde Konzentration schwierig."

A.: „Übe weiter, und deine Konzentration wird dir so leichtfallen wie das Atmen. Das wird die Krönung deiner Anstrengung sein." Talk 31

F.: „Wie soll man *dhyana* (Meditation) üben?"

A.: „*Dhyana* dient zur Konzentration. Der dabei vorherrschende Gedanke hält alle anderen Gedanken ab. *Dhyana* ist je nach Übendem unterschiedlich. Man kann über einen Aspekt Gottes, über ein *Mantra*, über das Selbst und anderes meditieren." Talk 52

„Meditation bedeutet, an einem Gedanken festzuhalten. Dieser eine Gedanke hält alle anderen Gedanken fern. Lässt man sich ablenken, so ist das ein Zeichen für einen schwachen Geist. Durch beständige Meditation gewinnt er an Kraft, das heißt, die flüchtigen Gedanken werden vertrieben und machen dem dauerhaften Urgrund Platz, der frei von Gedanken ist. Diese

Ausdehnung ohne Gedanken ist das Selbst. Der reine Geist ist das Selbst." Talk 293

F.: „Soll man mit offenen oder geschlossenen Augen meditieren?"

A.: „Man kann es auf beide Weisen tun. Wichtig ist, dass der Geist nach innen gerichtet und aktiv in seiner Suche gehalten wird. Manchmal brechen latente Gedanken mit großer Kraft hervor, wenn man die Augen geschlossen hat. Andererseits kann es schwierig sein, den Geist nach innen zu richten, wenn die Augen offen sind. Das erfordert Stärke des Geistes. Der Geist wird verunreinigt, wenn er Objekte aufnimmt. Andernfalls ist er rein. Das Wichtigste bei der Meditation (*dhyana*) ist, den Geist in seiner Suche aktiv zu halten, ohne äußere Eindrücke aufzunehmen oder an etwas anderes zu denken." Talk 61

„Die Übung (*abhyasa*) besteht darin, sich jedes Mal ins Selbst zurückzuziehen, wenn Gedanken dich stören. Es ist nicht Konzentration oder die Zerstörung des Geistes, sondern ein Sich-Zurückziehen ins Selbst.

*Dhyana, bhakti, japa* usw. sind Hilfsmittel, die vielfältigen Gedanken abzuhalten. Dann herrscht ein einziger Gedanke vor, der sich schließlich auch im Selbst auflöst." Talk 485

Zum spirituellen Weg gehört auch der Verzicht, *vairagya*. Verzicht im absoluten Sinn bedeutet nicht, dies oder jenes aufgeben, sondern das Nicht-Selbst.

F.: „Ist es nötig, Verzicht zu üben, wenn man die Selbstverwirklichung erlangen will?"

A.: „Verzicht und Verwirklichung sind dasselbe. Es sind verschiedene Aspekte desselben Zustandes. Wenn man das Nicht-Selbst aufgibt, ist das Verzicht. Dem Selbst anzuhaften, ist *jnana* oder Selbstverwirklichung. Das eine ist der negative, das andere der positive Aspekt der einen Wahrheit. *Bhakti, jnana* und Yoga sind verschiedene Namen für die Selbstverwirklichung oder Befreiung (*mukti*), die unsere wahre Natur ist. Was zuerst ein Mittel ist, wird schließlich zum Ziel. Solange wir uns anstrengen müssen, um *Bhakti*, Yoga und *dhyana* zu üben, sind sie die Mittel. Wenn sie ohne Anstrengung weitergehen, haben wir das Ziel erreicht. Es gibt keine Verwirklichung, die man erlangen könnte. Das Wirkliche ist immer, wie es ist. Doch wir halten das Unwirkliche für das Wirkliche, und das müssen wir aufgeben. Darum alleine geht es." DD 2.1.1946 Nachmittag

Bei der Meditation besteht v.a. für Anfänger die Gefahr, in einen schlaf- oder tranceähnlichen Zustand (*laya*) abzugleiten. Davor warnt Ramana, denn dieser Zustand behindert den weiteren Fortschritt. Er empfiehlt, sobald man sich des *laya* bewusst ist, wieder die Konzentration auf einen Gedanken oder die Selbstergründung aufzunehmen.

„Im Tiefschlaf taucht der Geist nur unter, wird aber nicht zerstört. Das, was untertaucht, taucht auch wieder auf. So ist es auch bei der Meditation. Aber der Geist, der zerstört wurde, taucht nicht wieder auf. Das Ziel des *Yogis* muss sein, ihn zu zerstören, und nicht, in *laya* (einem tranceartigen Zustand) zu versinken. Im Frieden der Meditation (*dhyana*) stellt sich *laya* ein, aber das genügt nicht. Es bedarf ergänzender Übungen, um den Geist zu zerstören." Talk 76

Auch wenn man bei der Ergründung oder Meditation eine Leere erfährt, wie viele es tun, sollte man seine Konzentration nicht auf diese Leere richten, sondern auf den, der diese Leere erfährt.

„Kümmere dich nicht darum, wenn du etwas siehst oder hörst oder wenn sich eine Leere einstellt. Existierst du nicht währenddessen? Du musst selbst während der Erfahrung der Leere existiert haben, sonst könntest du nicht davon sprechen. Selbstergründung ist, seine Aufmerksamkeit auf dieses ‚Ich' gerichtet zu halten. In allen *Vedanta*-Büchern stellen die Schüler ihrem Lehrer diese Frage nach der Leere, und er beantwortet sie folgendermaßen: Es ist der Geist, der die Objekte sieht, der Erfahrungen macht und der die Leere vorfindet, wenn er nichts mehr sieht und erlebt. Aber das bist nicht du. Du bist das beständige Licht, das sowohl die Erfahrungen als auch die Leere erhellt. Es ist wie das Licht im Theater, das es dir ermöglicht, die Bühne, die Schauspieler und das Theaterstück zu sehen. Aber es leuchtet auch weiter, wenn das Stück vorbei ist. Deshalb bist du in der Lage zu sagen, dass kein Stück mehr aufgeführt wird. Es gibt noch ein weiteres Beispiel. Wir sehen um uns Objekte, aber in völliger Dunkelheit sehen wir nichts mehr und sagen: ‚Ich sehe nichts.' Doch auch dann sind die Augen da, und man ist in der Lage zu sagen, dass man nichts sieht. Ebenso bist du auch in der Leere gegenwärtig." DD 21,7,1946

Ramana erwähnt zwei Hindernisse für die Ergründung oder Meditation: die Sinnesobjekte und den Schlaf.

„Man muss beständig im Selbst verankert sein. Die Hindernisse sind einerseits die Ablenkungen durch die Dinge dieser Welt (Sinnesobjekte, Wünsche und Neigungen) und andererseits der Schlaf. […]

Wenn einen der Schlaf überkommt, kann man nichts dagegen tun. Man sollte einfach in allen wachen Stunden im Selbst bzw. in der Meditation verankert sein und die Meditation beim Aufwachen wieder aufnehmen." DD 21.7.1946

Ramana erklärt den Unterschied zwischen Selbstergründung (*vichara*) und Meditation (*dhyana*) folgendermaßen:

F.: „Worin besteht der Unterschied zwischen Meditation und Selbstergründung?"

A.: „Meditation ist nur möglich, wenn das Ego beibehalten wird. Es gibt das Ego und das Objekt, über das es meditiert. Diese Methode ist indirekt. Dabei ist das Selbst nur eines. Wenn man das Ego, d.h. seine Quelle, sucht, verschwindet es. Was übrig bleibt, ist das Selbst. Diese Methode ist direkt." Talk 174

„Für den Anfänger ist die Meditation über eine Form leichter und geeigneter. Diese Übung führt ihn zur Selbstergründung (*atma vichara*), die darin besteht, das Wirkliche vom Unwirklichen zu trennen. Was nützt es dir, an der Wahrheit festzuhalten, wenn du voller Widersprüche bist? *Atma vichara* führt direkt zur Verwirklichung. Durch sie werden die Hindernisse beseitigt, die dich denken lassen, dass das Selbst noch nicht verwirklicht sei." Talk 298

„Meditation bedeutet lediglich, sich auf das Objekt der Meditation zu konzentrieren. Aber Meditation ist unsere wahre Natur. Wenn wir alle anderen Gedanken aufgeben, bleibt das Ich übrig, und seine Natur ist Meditation oder *jnana,* wie immer wir es nennen wollen. Was einmal das Mittel war, wird später zum Ziel. Wenn Meditation nicht die Natur des Selbst wäre, könnte es dich nicht zum Selbst führen. Wenn das Mittel nicht von derselben Natur wie das Ziel wäre, könnte es dich nicht ans Ziel führen." DD 19.7.1946

Ramana verweist auf das Paradox der spirituellen Übung, um ein Ziel zu erreichen. Bei der Übung geht es nur um die Beseitigung von Hindernissen, wie der Illusion, nicht aber darum, etwas zu erreichen.

„Die Schriften sprechen von Hören, Reflexion, ununterbrochener Kontemplation, *samadhi* und Selbstverwirklichung. Doch da wir immer verwirklicht sind, was könnte man dann noch verwirklichen? Wir bezeichnen diese Welt als wirklich und direkt. Was sich verändert, was entsteht und wieder vergeht, ist nicht wirklich. Aber wir bezeichnen es als wirklich. Dagegen existieren wir immer, und nichts kann unmittelbarer und direkter erfahrbar sein als wir selbst. Und doch sagen wir, dass wir durch all diese spirituellen Übungen das Wirkliche erlangen müssen. Es gibt nichts Seltsameres. Das Selbst wird nicht dadurch erlangt, dass man etwas tut, sondern indem man still ist, und das ist, was man ist." DD 4.10.1946

„*Sadhana* ist nötig, aber wozu? Das Selbst ist immer und überall da. Deshalb muss man es nicht von irgendwoher erlangen. *Sadhana* ist nur nötig, um von der körperlichen Illusion und von anderen Illusionen frei zu werden, die verhindern, dass das Selbst sich als Selbst erhebt. Diese falschen Vorstellungen tauchen nur deshalb auf, weil wir denken, dass diese körperliche Welt wirklich ist, anstatt dass wir auf das Selbst schauen, das wirklich ist. *Sadhana* hat den einzigen Zweck, von dieser Illusion frei zu werden. Das Selbst braucht kein *sadhana*, um sein eigenes Selbst zu erlangen. Wer sein eigenes Selbst erkannt hat, sieht nichts anderes mehr." N 23.8.1946

Meditation und Selbstergründung bedeuten Anstrengung. Erst allmählich kommt man in einen anstrengungslosen Zustand. Bis dahin ist unablässige Übung nötig.

„Müheloses Bewusstsein ist unsere wahre Natur. Wenn wir es erreichen oder in diesem Zustand sein können, ist es gut. Aber man kann es nicht ohne die Anstrengung willentlicher Meditation erreichen. Die *vasanas* lenken den Geist nach außen und wenden ihn äußeren Objekten zu. Man muss all diese Gedanken aufgeben und den Geist nach innen lenken. Dafür ist für die meisten Menschen Anstrengung nötig." DD 11.1.1946 Nachmittag

# Die Gottesliebe

Die Gottesliebe und Hingabe an eine Gottheit (*bhakti*) gibt es in allen Religionen, in denen ein Gott verehrt wird. Im christlichen Bereich gibt es die Unio Mystica, im Hinduismus Ramanas Zeitgenossen Ramdas und vor ihm Ramakrishna, die große Gottverehrer (*bhaktas*) waren, und eine lebendige *bhakti*-Bewegung.

Ramana weitet *bhakti* auf den nich-religiösen Bereich aus. Sie kann auch der Menschheit als solcher, dem Schönen oder irgendeinem Ideal gelten.

Ramana betont, dass auch die Selbstergründung eine Form der *bhakti* ist, denn auch hier gibt sich der Mensch dem Selbst völlig hin und opfert sozusagen sein imaginäres Ego. Ramana nennt *bhakti* die Mutter von *jnana* und betont, dass beide dasselbe Ziel verfolgen, nämlich die Quelle des Egos zu erreichen. In beiden Fällen wird das Ego ausgelöscht. Welchen Weg ein Mensch geht, ist eine Frage der Veranlagung.

F.: „Muss ich nicht mehr zu Gott beten, wenn ich mich Ihm ergebe?"

A.: „Die Hingabe selbst ist ein mächtiges Gebet." G S. 72

F.: „Werden unsere Gebete erhört?"

A.: „Ja, sie werden erhört. Kein Gedanke ist vergebens. Jeder Gedanke bewirkt früher oder später etwas. Die Kraft der Gedanken ist nie vergeblich." DD 28.6.1946

F.: „Ich empfinde Hingabe als unmöglich."

A.: „Völlige Hingabe ist am Anfang nicht möglich, aber teilweise Hingabe ist für jeden möglich. Mit der Zeit führt das zur völligen Hingabe." Talk 244

F.: „Liebe setzt Zweiheit voraus. Wie kann das Selbst der Gegenstand der Liebe sein?"

A.: „Liebe ist nicht vom Selbst verschieden. Die Liebe zu einem Objekt ist von niederer Art und kann nicht andauern, während das Selbst die Liebe ist. Gott ist die Liebe." Talk 433

„Liegt jedoch einem Suchenden die nach innen gerichtete analytische Methode des Weges der Selbstergründung (*vichara marga*) nicht, dann muss er Hingabe (*bhakti*) an ein Ideal entwickeln. Sie kann Gott, dem Guru, der

Menschheit im Allgemeinen, ethischen Gesetzen oder sogar dem Ideal der Schönheit gelten. Ergreift ein solches Ideal vom Individuum Besitz, dann werden andere Bindungen schwächer, und es entwickelt sich Leidenschaftslosigkeit (*vairagya*). Gleichzeitig wird die Verbundenheit mit dem Gegenstand der Verehrung immer stärker, bis sie ihn völlig beherrscht. Mit ihr wächst unmerklich die Konzentration (*ekagrata*), mit oder ohne Visionen und direkten Hilfsmitteln." Talk 27

„Der Weg der Erkenntnis (*jnana marga*) und der Weg der Hingabe (*bhakti marga, prapatti*) sind ein und dasselbe. Selbsthingabe führt wie Ergründung zur Verwirklichung. Völlige Selbsthingabe bedeutet, dass du keinen Ich-Gedanken mehr hast. Dann sind alle latenten Eindrücke (*samskaras*) ausgelöscht, und du bist frei. Weder am Ende des einen noch des anderen Weges darfst du als ein getrenntes Wesen weiterleben." Talk 31

„Solange es die Trennung von Gott (*vibhakti*) gibt, muss es *bhakti* geben. Solange es Trennung (*viyoga*) gibt, muss es Vereinigung (Yoga) geben. Solange es Zweiheit gibt, muss es Gott und einen Verehrer geben. Ebenso ist es auch mit der Ergründung (*vichara*). Solange es *vichara* gibt, gibt es auch Zweiheit. Aber wenn man in der Quelle untergeht, gibt es nur noch Einheit. Mit *bhakti* ist es ebenso. Verwirklicht man den Gott, den man verehrt, gibt es nur noch Einheit. Auch der Gedanke ‚Gott' wird ja nur in und durch das Selbst gedacht. Also ist Gott mit dem Selbst identisch. Wenn man jemandem sagt, er solle sich Gott hingeben, und er tut es auf der Stelle, dann ist es gut. Aber es gibt noch eine andere Sorte Mensch, die sich besinnt und sagt: ‚Da sind also zwei, ich und Gott. Bevor ich den fernen Gott kennen will, möchte ich lieber das nähere und unmittelbare Ich kennen.' Für solche Menschen ist der Weg der Ergründung (*vichara marga*) gedacht. Im Grunde gibt es keinen Unterschied zwischen *bhakti* und *vichara*." Talk 154

„Es genügt, wenn man sich hingibt. Hingabe bedeutet, sich völlig an den Ursprung seines Seins zu übergeben. Mach dir nicht selbst etwas vor, indem du dir vorstellst, dass diese Quelle ein Gott außerhalb deiner selbst sei. Die eigene Quelle liegt in dir. Gib dich ihr hin. Das bedeutet, dass du die Quelle suchen und in ihr aufgehen sollst. Weil du glaubst, dass du außerhalb von ihr bist, fragst du: ‚Wo ist die Quelle?' Einige behaupten, dass eine Person nicht zugleich das Höchste sein und die Seligkeit dieses Zustandes genießen kann, ebenso wenig wie Zucker seine eigene Süße schmecken kann. Deshalb muss es jemanden geben, der sie schmeckt und genießt, und es muss einerseits die Individualität und andererseits die Gottheit bewahrt bleiben, um den Genuss empfinden zu können. Aber ist Gott empfindungslos wie Zucker? Wie kann man sich hingeben und trotzdem seine Individualität für den höchsten Genuss zurückbehalten?" Talk 208

„Alles Reden von Hingabe ist, als würde man ein Zuckerstück von einem Zucker-Ganeshan stehlen und es demselben Ganeshan opfern. Du sagst, du opferst Gott deinen Leib, deine Seele und deinen ganzen Besitz. Gehören sie etwa dir, dass du sie opfern kannst? Im besten Fall kannst du sagen: ‚Ich habe bis jetzt fälschlicherweise angenommen, dass alles, was dir gehört, mir gehört. Jetzt verstehe ich, dass es dir gehört. Ich werde nicht mehr so tun, als ob es mir gehören würde.' Diese Erkenntnis, dass es nichts anderes als das Selbst oder Gott gibt, dass ‚ich' und ‚mein' nicht existieren, sondern nur das Selbst, ist *jnana*. Deshalb gibt es zwischen *bhakti* und *jnana* keinen Unterschied. *Bhakti* ist die Mutter von *jnana*. […]

Jedem sollte zugestanden werden, seinen eigenen Weg zu gehen, für den allein er geschaffen ist. Man kann ihn nicht gewaltsam zu einem anderen Weg bekehren. Der Guru geht mit seinem Schüler dessen Weg und lenkt ihn allmählich und im rechten Augenblick auf den höchsten Weg. Wenn man ein Auto in voller Fahrt abbremst oder wendet, führt das zu einer Katastrophe." DD 22.11.1945 Nachmittag

> Oft hielten die Schüler *bhakti* für leichter als *jnana*. Ramana macht deutlich, dass dem nicht so ist.

„Die Leute halten Hingabe für einfach, weil sie sich vorstellen, dass sie frei sind und tun können, was sie wollen, wenn sie einmal das Lippenbekenntnis ‚Ich gebe mich hin' abgelegt und ihre Last dem Herrn überlassen haben. Aber Tatsache ist, dass du weder Vorlieben noch Abneigungen haben kannst, wenn du dich hingegeben hast. Dein Eigenwille verschwindet vollkommen, und der Wille des Herrn tritt an seine Stelle. Dieser Tod des Egos ist nicht von *jnana* verschieden. Welchen Weg du auch immer einschlägst, du musst zu *jnana* bzw. zur Einheit kommen." DD 2.1.1946 Nachmittag

> Ramana betont, dass Gottesliebe und Selbst-Liebe dasselbe sind.

„Wie könnte man nicht ergeben sein? Jeder liebt sich selbst. Das ist die Erfahrung aller. Wäre das Selbst nicht unser liebstes Objekt, würden wir es dann lieben? Das Selbst oder der Herr ist nicht irgendwo anders, sondern in jedem von uns, und indem man sich liebt, liebt man lediglich das Selbst." DD 7.1.1946 Nacht

*Bhakti* beinhaltet Dualität von Mensch und Gott, wenigstens am Anfang. Ramana rät, jeder Mensch solle dem folgen, was er benötigt. Schließlich führt auch *bhakti* zur Einheit.

„Wer hat etwas dagegen, wenn ein Mensch Gott verehrt, solange er einen getrennten Gott braucht? Durch *bhakti* entwickelt er sich und kommt zu dem Empfinden, dass Gott allein existiert und er, der Verehrer, nicht zählt. Er kommt an den Punkt, an dem er sagt: ,Nicht ich, sondern Du. Nicht mein, sondern Dein Wille.' Beim *bhakti*-Weg spricht man dann von völliger Hingabe. Indem das Ego ausgelöscht wird, erlangt man das Selbst. Wir brauchen nicht darüber zu streiten, ob es zwei oder mehrere Wesenheiten gibt oder nur eine. Selbst jene, die den *bhakti*-Weg und *Dvaita* vertreten, lehren völlige Hingabe. Tu das zuerst und sieh dann, ob es nur ein Selbst oder zwei bzw. mehrere Wesenheiten gibt. Was auch immer gelehrt wird, um der unterschiedlichen Aufnahmefähigkeit der Menschen zu entsprechen – die Wahrheit ist, dass der Zustand der Selbstverwirklichung jenseits der Dreiheit ist. Das Selbst ist nichts, dem *jnana* oder *ajnana* zugeschrieben werden kann. Es ist jenseits von *ajnana* und *jnana*. Das Selbst ist das Selbst. Das ist alles, was man von ihm sagen kann." DD 22.3.1946 Nachmittag

F.: „Der *bhakta* benötigt einen Gott, den er verehren kann. Muss man ihm sagen, dass es keinen Verehrer und kein Verehrtes gibt, sondern nur das Selbst."

A.: „Natürlich benötigt er Gott für sein *sadhana*. Aber das *sadhana* kann selbst auf dem *bhakti*-Weg nur mit der völligen Hingabe enden. Was anderes bedeutet es als die Auslöschung des Egos im unveränderlichen Selbst? Welchen Weg man auch wählt, man kann dem ,Ich' nicht entkommen. Es ist das ,Ich', das selbstlos handelt, das sich nach Einheit mit dem Herrn sehnt, von dem es sich getrennt fühlt, das spürt, dass es von seiner wahren Natur abgewichen ist usw. Wir müssen die Quelle dieses ,Ichs' ausfindig machen, dann sind alle Fragen gelöst. Obwohl die Bhagavad Gita alle Wege akzeptiert, sagt sie doch, dass der *jnani* der beste *Karma Yogi*, *bhakta* und der höchste Yogi ist." DD 22.3.1946 Nachmittag

„Man glaubt an Dinge, die man nicht kennt. Aber das Selbst ist offensichtlich. Selbst der größte Egoist kann seine Existenz nicht leugnen, also das Selbst nicht abstreiten. Du kannst die letzte Wirklichkeit benennen, wie du willst, und sagen, dass du an sie glaubst und sie liebst, aber wer glaubt nicht an seine eigene Existenz und liebt sich nicht selbst? Das ist so, weil Glaube und Liebe unsere wahre Natur sind." DD 22.7.1946

# Atemkontrolle

Die Atemkontrolle (*pranayama*) gehört zum Raja-Yoga und dient der Kontrolle der Gedanken, führt aber allein nicht zum eigentlichen Ziel. Ramana erwähnt dieses Hilfsmittel als eines unter vielen. Mit der Atemkontrolle wird der Geist kontrolliert, da Geist und Atem zusammenhängen.

Ramana empfiehlt eine einfache Atemkontrolle, die nur aus der Beobachtung des Atems bestehen kann. Wird Atemkontrolle mit *japa* verbunden, ist sie effektiver. Sie kann sogar mit der Selbstergründung kombiniert werden.

„Falls dem Suchenden weder die Ergründung noch die Hingabe liegt, kann er es mit der Atemkontrolle (*pranayama*) versuchen, die auf natürliche Weise beruhigt. Sie ist als Yoga-Weg (Yoga *marga*) bekannt. Ist das Leben eines Menschen bedroht, dreht sich sein ganzes Interesse darum, es zu retten. Wird der Atem angehalten, dann kann es sich der Geist nicht leisten, zu seinen geliebten äußeren Objekten zu springen, und er tut es auch nicht. Deshalb ist der Geist still, solange man den Atem anhält. Da sich die ganze Aufmerksamkeit auf den Atem oder seine Regulierung richtet, werden die anderen Interessen aufgegeben. Leidenschaften werden bekanntlich von einem unregelmäßigen Atem begleitet, während Ruhe und Glück ihn langsam und regelmäßig strömen lassen. Übergroße Freude ist tatsächlich so schmerzhaft wie übergroße Qual, und beide werden von einem erregten Atem begleitet. Wahrer Friede ist Glück. Vergnügungen bringen kein Glück. Der Geist wird durch diese Übung gefestigt und feiner, so wie eine Rasierklinge, die über dem Lederriemen abgezogen wird, scharf wird. Er ist dann fähiger, innere und äußere Probleme zu lösen." Talk 27

„Es geht darum, den Geist auf eins gerichtet zu halten. Dafür ist *pranayama* hilfreich. Das gilt nicht nur für die Meditation, sondern für alles, wofür wir Konzentration benötigen. Selbst für weltliche und materielle Zwecke ist es gut, zuerst *pranayama* zu üben und erst dann mit der Arbeit zu beginnen. Geist und Atem haben dieselbe Quelle. Wenn eines von beidem unter Kontrolle ist, ist damit auch das andere kontrolliert. Wenn man sich ohne Atemkontrolle konzentrieren kann, muss man sich auch nicht darum bemühen. Aber jemand, der sich nicht sofort konzentrieren kann, kann den Atem kontrollieren, wodurch er zur geistigen Konzentration gelangt. Es ist, als würde man ein Pferd an den Zügeln nehmen und es in eine Richtung lenken." DD 24.12.1945 Abend

„Das Zurückhalten des Atems ist ein Hilfsmittel, um den Geist zu kontrollieren, also Gedanken zu unterdrücken oder zu zerstören. Einige praktizieren die Regulierung des Atems, die im rhythmischen Einatmen, Ausatmen und Anhalten des Atems oder nur im Anhalten des Atems besteht. Andere kontrollieren den Geist, wobei der Atem und sein Zurückhalten von selbst kontrolliert werden. Auch das Beobachten der Ein- und Ausatmung ist Atemkontrolle. Dies sind nur scheinbar drei verschiedene Methoden. In Wirklichkeit handelt es sich nur um eine Methode, da sie alle zum selben Ziel führen. Der Übende wählt diejenige aus, die ihm aufgrund seines Entwicklungsstandes und seiner Neigungen am besten liegt. Im Grunde gibt es nur zwei Wege: den Weg der Selbstergründung und den der Hingabe. Der eine führt zum anderen." Talk 196

Herr Prasad fragte, ob dafür nicht die Atemkontrolle (*Pranayama*) besser geeignet sei, bei der Einatmen, Anhalten des Atems und Ausatmen im Verhältnis 1:4:2 stehen.

A.: „Diese Verhältnisse, die man nicht nur durch Zählen, sondern auch durch Aufsagen von *Mantren* erreicht, sind hilfreich, um den Geist zu kontrollieren. Das ist alles. Die Beobachtung des Atems ist auch eine Form der Atemkontrolle. Wenn man den Atem anhält, ist das eine gewaltsamere Methode. Sie kann in manchen Fällen schaden, vor allem wenn kein geeigneter Lehrer da ist, der den Schüler Schritt für Schritt anleitet. Die Beobachtung des Atems ist dagegen leicht und birgt kein Risiko." DD 1.12.1945

„Atemkontrolle kann innerlich oder äußerlich ausgeübt werden. Die innerliche Atemkontrolle geht folgendermaßen vor sich:

Ich bin nicht der Körper (*naham chinta*) – Ausatmung (*rechaka*)

Wer bin ich? (*koham*) – Einatmung (*puraka*)

Ich bin Er (*soham*) – Anhalten des Atems (*kumbhaka*)

Durch diese Übung wird der Atem von selbst kontrolliert." Talk 54

# Yoga und okkulte Kräfte

Es kamen auch Besucher, die Yogis waren und ihre speziellen Fragen zu ihrer Praxis stellten. Ramana gab auf ausgeklügelte Fragen über die verschiedenen Formen des Yoga wie z.B. über den Kundalini-Yoga, Raja-Yoga etc. die für den jeweiligen Frager hilfreiche Antwort. Hier wollen wir uns allerdings nicht näher damit befassen. Erwähnt sei noch, dass Ramana vor den okkulten Kräften, den *siddhis*, die manche Yogis mit ihrer Praxis erwerben, warnt, da sie vom Weg ablenken und mit der Suche nach dem Selbst nichts zu tun haben. Allerdings räumt er ein, dass die Selbstverwirklichung vom Erwerb solcher Kräfte begleitet sein kann.

F.: „Beinhaltet die Selbstverwirklichung auch okkulte Kräfte?"

A.: „Das Selbst ist das ewige Sein, das uns innewohnt, während die okkulten Kräfte (*siddhis*) uns fremd sind. Um okkulte Kräfte zu erlangen, muss man sich anstrengen, um das Selbst zu erlangen, dagegen nicht.

*Siddhis* werden mit dem Geist gesucht, der sehr aufmerksam sein muss. Das Selbst wird dagegen verwirklicht, wenn der Geist zerstört ist. *Siddhis* treten nur in Erscheinung, wenn es ein Ego gibt. Das Ego ist sich der anderen gewahr. Ist es nicht da, sind auch keine anderen zu sehen. Das Selbst ist jenseits des Egos und wird verwirklicht, nachdem das Ego beseitigt worden ist. Ist das Ego zerstört, ist man sich der anderen nicht mehr gewahr. Wie sollte sich da noch die Frage nach den anderen erheben, und worin liegt für einen Selbstverwirklichten der Nutzen von okkulten Kräften?

Die Selbstverwirklichung kann von okkulten Kräften begleitet sein oder auch nicht. Wenn der Betreffende vor der Verwirklichung okkulte Kräfte gesucht hat, kann er sie nach der Verwirklichung erlangen. Andere haben sie nicht gesucht und sich nur um die Selbstverwirklichung bemüht. Sie besitzen keine solchen Kräfte." Talk 597

Ramana unterscheidet zwischen dem Yogi und dem *Jnani*. Der Yogi verfolgt den Lebensstrom bis zum Kopf, während der *Jnani* ihn bis zum Herz verfolgt. Das Herz vergleicht er mit der Sonne, das Gehirn mit dem Mond.

F.: „Was ist der Sonnen- und der Mondpfad? Welcher von beiden ist leichter zu gehen?"

A.: „Der Sonnenpfad (*ravi marga*) ist *jnana*. Der Mondpfad ist Yoga. Man spricht davon, dass nach der Reinigung der 72.000 subtilen Nervenbahnen (*nadis*) im Körper der Geist in die Nervenbahn der Wirbelsäule (*sushumna*) eintritt und zum Kronenchakra (*sahasrara*) emporsteigt. Dort fließt der Nektar. Das sind jedoch alles nur Vorstellungen. Der Mensch wird bereits von Vorstellungen über die Welt überwältigt. Nun kommen noch die Vorstellungen aus dem Yoga hinzu. Dabei ist es doch das Ziel all dessen, den Menschen von Vorstellungen zu befreien und ihn im reinen Selbst verbleiben zu lassen – im absoluten Bewusstsein, das frei von Gedanken ist. Warum sollte man nicht ohne Umwege dahin gehen? Warum sollte man neue Bürden zu den ohnehin schon vorhandenen hinzufügen?" Talk 252

# Die Wiederholung eines Mantras

Die Wiederholung des Namens Gottes, einer Gebetsformel oder eines Mantras (*japa*) ist in allen Religionen gebräuchlich und dient zur Konzentration. Im orthodoxen Christentum sei an das Jesusgebet erinnert, im Westen an den Rosenkranz. Im Hinduismus gibt es unzählige Mantren, die auch beim rituellen Gottesdienst verwendet werden. Diese werden hier nicht thematisiert. Es geht vielmehr um das persönliche Mantra, das ein Guru dem Schüler gibt, einen Namen Gottes (*Rama*, *Shiva* oder *Krishna*), eine Formel oder das Gayatri-Mantra, das der Schüler ständig wiederholt. Das im Mantra oft gebrauchte OM (*Omkar*) versteht Ramana als das Selbst.

Wie wir bereits gesehen haben, empfiehlt Ramana, sich auf einen einzigen Gedanken zu konzentrieren und die anderen Gedanken aufzugeben. Dieser eine Gedanke kann z.B. solch ein Mantra sein.

Zudem betont Ramana, dass es ein inneres, natürliches „*japa*" gibt, das sich von selbst beständig wiederholt. Es ist das „*sphurana*", das pulsierende „Ich-Ich". Er erwähnt auch, dass man „Ich-Ich" als *japa* verwenden kann, da Ich der Name Gottes oder des Selbst ist.

Obwohl Ramana betont, dass die Suchfrage „Wer bin ich?" kein *japa* ist, womit er die eher mechanische Wiederholung als Mantra meint, kann sie in diesem tiefsten Sinn dennoch *japa* sein.

F.: „Ich mache *Omkara-puja*, indem ich ‚Om Ram[1]' wiederhole. Ist das gut?"

A.: „Ja, jede *puja* (Gottesdienst) ist gut. ‚Om Ram' oder ein anderer Name genügt. Es geht darum, alle anderen Gedanken fernzuhalten, außer den Gedanken an Om, Ram oder Gott. *Mantren* und *japa* verhelfen dazu. Wer beständig ‚Ram' wiederholt, wird von Rama erfüllt. Der Verehrer wird schließlich zum Verehrten. Erst dann kennt er die volle Bedeutung von *Omkar*, das er wiederholt." DD 5.1.1946 Nachmittag

F.: „Kann jemand davon profitieren, wenn er heilige Silben (*Mantren*) wiederholt, die er irgendwo aufgelesen hat?"

---

[1] Mit Ram ist die Gottheit Rama gemeint.

A. „Nein. Er muss dazu ermächtigt und in solche *Mantren* eingeweiht worden sein." Talk 8

„*Japa* wird in drei aufeinanderfolgenden Stufen vollzogen: zunächst als gesprochenes Wort, dann geistig und schließlich meditativ. Es endet in unwillkürlichem und beständigem *japa*. Derjenige, der diese Art von *japa* ausführt, ist das Selbst. Das beste *japa* ist ‚Wer bin ich?'" Talk 72

„Die Wiederholung des *Mantras* (*japa*) führt zur Vernichtung anderer Gedanken und zur Konzentration auf das *Mantra*. Das *Mantra* geht schließlich im Selbst unter und erstrahlt als das Selbst." Talk 78

„Wenn du *Mantra-japa* übst, wirst du allmählich zu dem, dessen Name du wiederholst. Zunächst wiederholst du das *Mantra* laut, dann im Geist. Zuerst übst du diese Meditation mit Unterbrechung, dann ununterbrochen. An diesem Punkt bemerkst du, dass du ohne Anstrengung meditierst und Meditation deine wahre Natur ist. Bis dahin ist Anstrengung nötig." DD 17.2.1946 Nachmittag

„Dieses Selbst wiederholt beständig aus sich selbst ‚*aham aham*' (ich-ich). Das ist *ajapa*. [...] Das wahre Selbst, das *japa* von selbst und unwillentlich in einem nie endenden Strom ausführt, ist *ajapa* und alles andere." N 23.5.1947

„Das Ziel des *Mantra-japa* ist, zu erkennen, dass das *japa* bereits mühelos in einem selbst vor sich geht. Das gesprochene *japa* wird zum geistigen *japa*, und das geistige *japa* erweist sich schließlich als ewig. Das *Mantra* ist das wahre Wesen des Übenden und der Zustand der Verwirklichung." Talk 527

F.: „Muss ich ‚Wer bin ich?' ständig wiederholen wie ein *Mantra*?"

A.: „Nein. ‚Wer bin ich?' ist kein *Mantra*. Es bedeutet, dass du herausfinden musst, wo in dir der Ich-Gedanke entsteht, der die Quelle aller anderen Gedanken ist. Aber wenn du diesen Weg der Ergründung als zu schwierig empfindest, kannst du auch ‚ich, ich' wiederholen. Das führt zum selben Ziel. Man kann ohne Weiteres ‚ich' als ein *Mantra* benutzen. ‚Ich' ist der erste Name Gottes. Gott ist überall, aber es ist schwer, das zu begreifen. Deshalb heißt es in den Schriften: ‚Gott ist überall, auch in dir. Du bist *Brahman*.' Erinnere dich daran, dass du *Brahman* bist. Die Wiederholung von ‚ich' wird dich allmählich zu dieser Erkenntnis führen." DD 8.5.1946

„'Wer bin ich?' ist das beste *japa*. Was könnte unmittelbarer sein als das Selbst? Es liegt in jedem Augenblick im Bereich der Erfahrung eines jeden. Warum sollte man versuchen, etwas außerhalb zu erhaschen und das Selbst außer Acht lassen? Jeder sollte versuchen, das bekannte Selbst ausfindig zu machen, anstatt nach einem unbekannten Etwas dahinter zu suchen." Talk 81

Und in einem kritischen Ton:

„Die Leute wollen in *japa* (Rezitieren von *Mantren*), *dhyana* (Meditation), Yoga oder etwas Ähnlichem unterrichtet werden. Wie soll ich ihnen einen Rat geben, wenn sie mir nicht sagen, was sie bisher geübt haben? Und wozu wollen sie *japa* üben und davon Früchte ernten? Wer übt *japa*? Wer erntet dessen Früchte? Können sie nicht nach dem Selbst Ausschau halten? Und selbst wenn sie von anderen angewiesen wurden, *japa* oder *dhyana* zu üben, dann tun sie es zwar eine Zeit lang, wollen aber immer irgendwelche Ergebnisse erzielen wie Visionen, Träume oder Wunderkräfte. Und stellen sie sich nicht ein, glauben sie, dass sie keine Fortschritte machen würden oder ihre Askese (*tapas*) wirkungslos sei. Visionen und dergleichen sind kein Zeichen für einen Fortschritt. Der Fortschritt besteht in der bloßen Ausübung von *tapas*. Beständigkeit ist vonnöten. Sie müssen sich vielmehr ihrem *Mantra* oder ihrem Gott anvertrauen und auf Seine Gnade warten. Das tun sie aber nicht. Wenn man das *Mantra* nur einmal ausspricht, hat das eine positive Wirkung, ob der Betreffende sich nun dessen bewusst ist oder nicht." Talk 103

# Schweigen

Dem Schweigen (*mouna*) wird in der spirituellen Praxis viel Gewicht beigelegt. Es gab spirituell Übende, die ein Schweigegelübde ablegten, was Ramana nicht sehr schätzte, da es eine gewaltsame Übung ist. Ramana betont, dass die Beschäftigung mit Meditation oder der Ergründung den Geist von selbst zum Schweigen bringt, und somit auch das Sprechen.

Das wirkliche Schweigen ist ewiges Gespräch, ein höchst aktiver Zustand, der Gedanken und Worte überschreitet. Ramana übermittelte seine höchste Lehre im Schweigen wie Dakshinamurti, der schweigende Guru.

„Das Schweigen der Einsamkeit ist erzwungen. Zurückhaltendes Sprechen in Gesellschaft kommt dem Schweigen gleich, denn dann hat der Mensch sein Sprechen unter Kontrolle. Es muss einen Sprecher geben, bevor er sprechen kann. Wenn der Geist des Sprechenden anderweitig beschäftigt ist, spricht er zurückhaltend. Wenn der Geist nach innen gerichtet ist, dann ist er auf eine andere Art aktiv und nicht begierig, zu reden. Das Schweigegelübde (*mouna*) dient dazu, die geistige Aktivität, die durch Sprechen ausgelöst wird, einzuschränken, aber wenn der Geist unter Kontrolle ist, ist das unnötig, und das Schweigen wird natürlich." Talk 60

F.: „Was ist *mouna* (Schweigen)?"

A.: „*Mouna* bedeutet nicht, den Mund zu halten. Es ist ewiges Gespräch."

F.: „Das verstehe ich nicht."

A.: „*Mouna* ist der Zustand, der Sprache und Gedanken überschreitet."

F.: „Wie kann man ihn erlangen?"

A.: „Halte einen Gedanken fest und verfolge ihn zu seinem Ursprung zurück. Aus solcher Konzentration ergibt sich die Stille. Wenn die Übung natürlich wird, endet sie in der Stille. Meditation ohne geistige Tätigkeit ist Schweigen. Die Unterwerfung des Geistes ist Meditation. Tiefe Meditation ist ewiges Gespräch." Talk 195

„Schweigen ist nie endendes Gespräch. Reden mit Worten behindert die Sprache der Stille. Im Schweigen ist man mit der Umgebung in engstem Kontakt. Dakshinamurtis Schweigen beseitigte die Zweifel der vier Weisen.

Im Dakshinamurti Stotram[1] heißt es: ‚Die Wahrheit wird durch Schweigen dargelegt.' Es heißt, dass Schweigen Erklärung sei. Schweigen ist so machtvoll.

Zum Sprechen braucht man Sprachorgane. Sie sind die Voraussetzung für Sprache. Aber die andere Sprache liegt sogar noch jenseits der Gedanken. Kurzum, Schweigen ist transzendierendes Sprechen – das ungesprochene Wort, *para vak* (die höchste Form des Wortes, der Logos)." Talk 68

„Die Sprache ist nur ein Mittel, um anderen seine Gedanken mitzuteilen. Sie wird erst dann gebraucht, wenn Gedanken aufgestiegen sind. Die anderen Gedanken entstehen, nachdem der Ich-Gedanke sich erhoben hat. Der Ich-Gedanke ist die Wurzel eines jeden Gesprächs. Wenn man ohne Denken ist, versteht man sich durch die universale Sprache der Stille.

Stille spricht immer. Sie ist der ewige Fluss der Sprache, der durch das Sprechen unterbrochen wird. Worte unterbrechen diese schweigende Sprache. In einem Draht fließt elektrischer Strom. Trifft er auf einen Widerstand, glüht er als Lampe oder bringt einen Ventilator zum Rotieren. Im Draht bleibt er als elektrische Energie. Ähnlich ist auch die Stille der ewige Fluss der Sprache, der durch Worte behindert wird.

Was man durch Gespräche selbst nach mehreren Jahren nicht begreift, das kann man in einem Augenblick der Stille oder angesichts der Stille erkennen, wie im Fall von Dakshinamurti und seinen vier Schülern. Das ist die höchste und wirksamste Sprache." Talk 246

---

[1] eine Hymne an Dakshinamurti von Shankara

# Die Arbeit

Im Yoga gibt es auch den Weg der Arbeit, *Karma-Yoga* genannt. Ramana gibt ihm als eigenständigem Weg eher eine untergeordnete Bedeutung nach *jnana* und *bhakti*.

Er betont, dass die Arbeit absichtslos geschehen müsse. Man darf sie nicht wegen der Ergebnisse tun oder aus einem egoistischen Motiv. Man sollte sich nicht als den Täter der Arbeit empfinden, denn der wahre Täter ist Gott oder das Selbst. So kann man höchstens ein Werkzeug sein. Wenn dies der Fall ist, ist die Arbeit kein Hindernis für die Meditation oder Ergründung. Solche Arbeit ist oft auch viel effizienter.

Ramana betont, dass der Mensch keine Wahl hat, zu arbeiten oder nicht. Er arbeitete selbst in der Küche und beaufsichtigte die verschiedenen Bauvorhaben im Ashram. Er achtete sehr darauf, dass alles ordentlich ausgeführt wurde, und duldete keine Schlamperei. Erst in späteren Jahren war er vor allem in der Halle anzutreffen, da er die vielen Besucher, die zu ihm kamen, nicht enttäuschen wollte.

Ramana riet davon ab, sich in Arbeit zu stürzen, die nicht notwendig ist. Er riet, die notwendige Arbeit gewissenhaft zu erledigen und dabei Hingabe oder Ergründung zu üben.

„Es ist damit nicht gemeint, das Handeln aufzugeben, sondern wir sollten nicht an den Handlungen und Früchten, die sie bringen, hängen. Wir sollten die Vorstellung aufgeben, die Handelnden zu sein. Die Handlungen, die für diesen Körper bestimmt sind, müssen ausgeführt werden. Die Frage, Handlungen aufzugeben, stellt sich überhaupt nicht, ob du sie nun magst oder nicht." DD 18.9.1945 Nachmittag

F.: „Ist Arbeit ein Hindernis für die Selbstverwirklichung?"

A.: „Nein. Für den Verwirklichten ist allein das Selbst die Wirklichkeit. Die Handlungen gehören lediglich der Welt der Erscheinungen an. Sie berühren das Selbst nicht. Auch wenn der Verwirklichte handelt, hat er nicht das Empfinden, der Handelnde zu sein. Seine Handlungen geschehen unwillkürlich, und er bleibt ihnen gegenüber ein Zeuge, ohne ihnen verhaftet zu sein. Sein Handeln geschieht absichtslos. Auch jemand, der auf dem Weg der Erkenntnis (*jnana*) ist, kann üben, während er einer Beschäftigung nachgeht. Zu

Beginn kann es für den Anfänger schwierig sein, aber nach einiger Übung gelingt es, und die Arbeit wird nicht mehr als Hindernis für die Meditation empfunden." Talk 17

F.: „Man kann also ohne Wünsche seine Arbeit tun und die Einsamkeit beibehalten. Ist es so?"

A.: „Ja. Arbeit, die mit Anhaftung ausgeführt wird, ist eine Fessel, während Arbeit in Losgelöstheit den Handelnden nicht berührt. Er ist selbst während der Arbeit einsam." Talk 20

„Warum sollte deine Beschäftigung und Pflichterfüllung deine spirituellen Bemühungen beeinträchtigen? Man handelt zum Beispiel im Büro anders als zu Hause. Im Büro bist du gleichmütig. Du erfüllst deine Pflicht und kümmerst dich nicht darum, was daraus entsteht, ob das Resultat deinem Arbeitgeber Gewinn oder Verlust einbringt. Aber deine Pflichten zu Hause erfüllst du mit Anhaftung. Du bist immer besorgt, ob sie dir und deiner Familie Vorteile oder Nachteile bringen. Es ist jedoch möglich, alle Arbeiten des Lebens ohne Anhaftung zu tun und nur das Selbst als wirklich zu betrachten. Es ist falsch, anzunehmen, dass die Pflichten im Leben nicht ordentlich ausgeführt werden, wenn man fest im Selbst gegründet steht. Es ist wie bei einem Schauspieler. Er kleidet sich, handelt und fühlt, wie es seiner Rolle entspricht, aber er weiß, dass er im wirklichen Leben nicht die Person im Stück ist, sondern jemand anderer. Warum sollte dich das Körperbewusstsein, das Gefühl, der Körper zu sein, stören, wenn du einmal sicher weißt, dass du nicht der Körper, sondern das Selbst bist? Nichts, was der Körper tut, sollte dich von der Versunkenheit ins Selbst abhalten. Solche Versunkenheit wird nie die ordentliche und effektive Erfüllung der Pflichten, die dem Körper auferlegt sind, beeinträchtigen, genauso wenig wie das Bewusstsein des Schauspielers, wer er im wirklichen Leben ist, ihn beeinträchtigt, seine Rolle auf der Bühne zu spielen." […]

F.: „Ist es am Anfang nicht hilfreich, Einsamkeit zu suchen und seine Pflichten im Leben aufzugeben?"

A.: „Entsagung geschieht immer im Geist. Es bedeutet nicht, in den Wald oder an einen einsamen Ort zu gehen und seine Pflichten aufzugeben. Das Wichtigste ist, darauf zu achten, dass der Geist sich nicht nach außen, sondern nach innen wendet. Es liegt nicht wirklich in der Hand des Menschen, wohin er geht und ob er seine Pflichten aufgibt oder nicht. Alles geschieht, weil es vom Schicksal so bestimmt ist. Alle Tätigkeiten, die der Körper erfüllen muss, sind bereits vorherbestimmt, wenn er geboren wird. Es liegt nicht an dir, sie zu akzeptieren oder abzulehnen. Die einzige Freiheit, die du hast, ist, deinen Geist nach innen zu wenden und dort den Handlungen zu entsagen." DD 1.6.1946

„Hat ein Suchender für die ersten beiden Methoden [*vichara* und *bhakti*] keine Veranlagung und kann die dritte Methode [Atemkontrolle] durch bestimmte Umstände, wie z.B. wegen seines Alters, nicht ausüben, dann muss er es mit *karma marga* versuchen, dem Weg guter Taten, wie etwa dem sozialen Dienst. Dadurch wird sein edler Instinkt entwickelt, und er bezieht unpersönliches Glück aus seinem Tun. Sein Ego wird weniger bestimmend, und seine gute Seite kann sich entfalten. So wird er allmählich fähig, einen der drei früher genannten Wege einzuschlagen. Seine Intuition kann sich schon allein durch diese Methode entwickeln." Talk 27

„Abgelehnt wird nur das Handeln, das mit dem Empfinden, der Täter zu sein, ausgeführt wird. Gib das Handeln nicht auf. Es ist dir auch nicht möglich. Gib vielmehr das Empfinden auf, der Handelnde zu sein, dann geht das Handeln von selbst weiter oder fällt von dir ab. Wenn Handeln aufgrund des *prarabdha* dein Schicksal ist, wird es gewiss ausgeführt werden, ob du willst oder nicht. Wenn Handeln nicht deine Bestimmung ist, wird es auch nicht getan, selbst dann nicht, wenn du dich bewusst darum bemühst. […] Man kann um des eigenen Ruhmes willen handeln oder selbstlos und zum Allgemeinwohl. Aber auch dann erwarten die Leute Beifall. Somit ist es in Wirklichkeit eigensüchtiges Handeln." Talk 41

„Die jetzige Schwierigkeit besteht darin, dass der Mensch sich für den Handelnden hält. Das ist jedoch ein Irrtum. Es ist die höhere Macht, die alles tut. Der Mensch ist lediglich ein Werkzeug. Wenn er das akzeptiert, hat er keine Probleme. Andernfalls fordert er sie heraus. Nimm zum Beispiel die Figur an einem Tempeltorturm (*gopuram*). Sie sieht so aus, als würde sie das Gewicht des Turmes auf ihren Schultern tragen. Ihre Haltung und ihr Gesicht zeigen große Anstrengung, denn die Last des Turmes ist gewaltig. Aber denke darüber nach. Der Turm ist auf der Erde gebaut und ruht auf seinen Fundamenten. Die Gestalt (wie Atlas, der die Welt trägt) ist ein Teil des Turmes, sieht aber aus, als würde sie den Turm tragen. Ist das nicht komisch? Ebenso geht es dem Menschen, der glaubt, der Handelnde zu sein." Talk 63

F.: „Wie kann man eine solche Tätigkeit mit dem Geldverdienen unter einen Hut bringen, das für Leute, die in der Welt leben, notwendig ist?"

A.: „Die Handlungen selbst bilden keine Bindung. Die Bindung besteht lediglich in der falschen Vorstellung: ‚Ich bin der Handelnde'. Lass solche Gedanken fahren und den Körper und die Sinne unbehindert durch dein Eingreifen ihre Rolle spielen." Talk 46

F.: „In welcher Form hilft Handeln (*karma*)? Macht sie nicht die Last, die schon auf uns liegt und von der wir frei werden sollen, noch schwerer?"

A.: „Selbstloses Handeln läutert den Geist und hilft ihm, sich in der Meditation zu festigen."

F.: „Angenommen, man würde ständig meditieren, ohne noch tätig zu sein?"

A.: „Versuche es! Deine latenten Neigungen (*vasanas*) werden es nicht zulassen. Die Meditation (*dhyana*) kommt nur allmählich mit dem Nachlassen der Neigungen durch die Gnade des Meisters." Talk 80

F.: „Die Arbeit kann darunter leiden, wenn ich mich nicht um sie kümmere."

A.: „Weil du dich mit dem Körper identifizierst, glaubst du, dass du die Arbeit tust. Aber der Körper und seine Handlungen, die Arbeit mit eingeschlossen, sind nicht vom Selbst getrennt. Was spielt es für eine Rolle, ob du dich um die Arbeit kümmerst oder nicht? Angenommen, du gehst von einem Ort zum einem anderen. Du achtest nicht auf jeden Schritt, und doch findest du dich nach einiger Zeit an deinem Ziel. Du stellst fest, wie die Arbeit, in diesem Fall das Gehen, erfolgt, ohne dass du dich darum gekümmert hast. Ebenso ist es mit anderen Tätigkeiten."

F.: „Dann ist es wie Schlafwandeln."

A.: „Genau. Ein Kind, das fest schläft, wird von seiner Mutter im Schlaf gefüttert. Das Kind isst im Schlaf gleich gut wie wenn es wach ist. Aber am nächsten Morgen sagt es zur Mutter: ‚Mutter, ich habe kein Abendessen bekommen.' Die Mutter und andere wissen es jedoch besser. Aber das Kind behauptet das Gegenteil. Es war sich dessen nicht bewusst. Trotzdem ist es geschehen. Schlafwandeln ist tatsächlich ein guter Vergleich für diese Art zu arbeiten." Talk 313

F.: „Wenn wir mit etwas erfolgreich sein wollen, müssen wir ihm unseren ganzen Verstand und unser ganzes Herz widmen, sonst kann es nicht gelingen. Man kann seinen Geist nicht sowohl Gott als auch dem weltlichen Tun widmen."

A.: „Wenn man fest im Selbst gegründet ist, werden die Handlungen weitergehen, und ihrem Erfolg steht nichts im Weg. Man sollte nur nicht denken, dass man der Handelnde ist. Die Handlungen gehen dennoch weiter. Die Kraft, die den Körper hervorgebracht hat – nenne sie, wie du willst – wird sich auch darum kümmern, dass der Körper die Handlungen, die für ihn bestimmt sind, ausführt." DD 9.10.1945 Nachmittag

„Das heißt, man muss erkennen, dass man nicht der Handelnde, sondern lediglich das Werkzeug einer höheren Macht ist. Mag die höhere Macht tun, was unvermeidlich ist. Ich handle lediglich auf ihre Anweisung hin. Die Handlungen sind nicht meine eigenen. Deshalb können auch die Resultate der Handlungen nicht meine eigenen sein. Wenn man auf diese Weise denkt und handelt, worin besteht dann das Problem?" Talk 58

Über das stille Tun des Weisen, das für Außenstehende oft nach Nichttun und Trägheit aussieht, sagt Ramana:

„Nichttun ist unaufhörliche Aktivität. Der Weise zeichnet sich durch ewige und unaufhörliche Aktivität aus. Seine Stille ist wie der scheinbare Stillstand eines schnell rotierenden Kreisels. Er bewegt sich zu schnell, als dass es das Auge sehen könnte, und so scheint er stillzustehen. Dennoch rotiert er. So verhält es sich mit der scheinbaren Inaktivität der Weisen. Man muss das erklären, weil die Leute im Allgemeinen Stille fälschlicherweise für Trägheit halten. Dem ist nicht so." Talk 599

# Vom Übenden zum Verwirklichten

Beim Verwirklichten (*jnani*) ist die Erfahrung des Selbst dauerhaft. Beim Übenden (*sadhaka*) tritt sie zunächst nur vorübergehend ein und muss gefestigt werden. Ramana betont, man dürfe nicht nachlassen, bevor die Erfahrung dauerhaft sei.

Das größte Hindernis sind die Neigungen, die *vasanas*, die sich bereits durch viele Leben ziehen und schwer auszurotten sind. Viele Schüler beklagten sich immer wieder bei Ramana, dass sie bereits so lange bei ihm verbracht hatten, aber ihrer Meinung nach nicht vorwärtskamen. Ramana betont, dass der Übende selbst meist nicht erkennen kann, wie weit er vorangekommen ist. Nur der Guru sieht es.

Der Weise (*jnani*) hat wie der Nicht-Weise (*ajnani*) ein Ego, nur es bindet nicht mehr. Er erfährt seinen Körper und die Welt, nur nicht mehr als getrennt und scheinbar eigenständig, sondern auf der Grundlage des Selbst. Es ist alles wie zuvor, nur die Sicht- und Erlebnisweise hat sich völlig verändert.

Durch seine Ausstrahlung ist der *jnani* die größte Hilfe für die Menschheit. Er steht Freude und Leid gleichmütig gegenüber. Er handelt, auch wenn es scheint, dass er nicht handelt. Sein Schweigen ist ständiges Gespräch und Belehrung.

„Wir müssen gegen uralte Neigungen angehen. Sie werden alle verschwinden. Sie verschwinden verhältnismäßig schnell, wenn man bereits in der Vergangenheit *sadhana* geübt hat. Anderenfalls dauert es länger."

F.: „Verschwinden diese Neigungen allmählich, oder sind sie eines Tages plötzlich fort? Ich frage, weil ich schon ziemlich lange hier bin, aber noch keinen Wandel in mir verspüren kann."

A.: „Wenn die Sonne aufgeht, verschwindet dann die Dunkelheit allmählich oder sofort?" DD 31.3.1945 Nachmittag

F.: „Welche Hindernisse stehen dem beständigen Verweilen in der Seligkeit im Weg? Wie kann man sie überwinden?"

A.: „Die Hindernisse sind: 1. Unwissenheit, d.h. das Vergessen des eigenen reinen Seins. 2. Zweifel, der darin besteht, sich zu fragen, ob man nun das Wirkliche oder Unwirkliche erfahren hat. 3. Der Irrtum, der darin besteht, sich für den Körper zu halten und zu glauben, die Welt sei wirklich. Diese

Hindernisse werden überwunden, indem man die Wahrheit hört, über sie nachdenkt und sich konzentriert.

Es gibt eine zeitweise und eine dauerhafte Erfahrung. Die erste Erfahrung ist vorübergehend, aber sie kann durch Konzentration beständig werden. Bei ihr ist die Bindung noch nicht völlig zerstört, sondern bleibt subtil vorhanden und behauptet sich zu gegebener Zeit wieder. Aber bei der dauerhaften Erfahrung ist die Bindung ein für alle Mal zerstört und taucht nie wieder auf." Talk 95

F.: „Die *jnanis* ziehen sich für gewöhnlich aus dem aktiven Leben zurück und befassen sich nicht mehr mit weltlichen Angelegenheiten."

A.: „Die einen ja, die anderen nein. Manche führen ihren Handel und ihr Geschäft auch nach der Verwirklichung weiter oder regieren weiterhin ein Königreich. Manche ziehen sich in den Wald zurück und enthalten sich aller Aktivitäten, außer derer, die zur Aufrechterhaltung des Lebens absolut notwendig sind. Wir können also nicht sagen, dass alle *jnanis* ihr tätiges Leben aufgeben und sich zurückziehen." DD 2.1.1946 Nachmittag

F.: „Ist Einsamkeit für einen Verwirklichten (*jnani*) notwendig?«

A.: „Einsamkeit ist im Geist des Menschen. Ein Mensch kann im Dickicht der Welt leben und gelassen bleiben. So jemand ist einsam. Ein anderer mag im Wald leben, doch unfähig sein, seinen Geist zu kontrollieren. Ihn kann man nicht einsam nennen. Einsamkeit ist eine Geisteshaltung. Ein Mensch, der an seinen Wünschen hängt, kann nicht einsam sein, wo immer er auch ist. Ein losgelöster Mensch ist immer einsam." […]

F.: „Müssen sich die Heiligen nicht unter die Leute begeben, um ihnen zu helfen?"

A.: „Nur das Selbst ist die Wirklichkeit. Die Welt und alles Übrige sind es nicht. Der Verwirklichte sieht die Welt nicht als von sich selbst verschieden."

F.: „Demnach erbaut die Verwirklichung eines Menschen die Menschheit, ohne dass sie sich dessen bewusst ist?"

A.: „Ja. Die Hilfe geschieht unmerklich, ist aber trotzdem da. Ein Verwirklichter hilft der ganzen Menschheit, ohne dass sie es weiß."

F.: „Wäre es nicht besser, wenn er unter die Menschen ginge?"

A.: „Es gibt keine anderen, unter die er sich begeben könnte. Das Selbst ist die eine und einzige Wirklichkeit." Talk 20

„Sowohl der *jnani* als auch der *ajnani* sagen: ‚Ich bin der Körper.' Worin besteht der Unterschied? ‚Ich bin' ist die Wahrheit. Der Körper ist die Begrenzung. Der *ajnani* beschränkt das Ich auf den Körper. Doch im Tiefschlaf besteht das Ich auch unabhängig vom Körper. Dasselbe Ich existiert jetzt im Wachzustand. Obwohl man sich vorstellt, dass das Ich im Körper ist, existiert es tatsächlich ohne den Körper. Die falsche Aussage: ‚Ich bin der Körper' macht das Ich. Der Körper ist träge und kann das selbst nicht sagen. Der Fehler liegt darin, das Ich für etwas zu halten, was es nicht ist. Das Ich ist nicht empfindungslos. Deshalb kann es nicht der träge Körper sein. Die Bewegungen des Körpers werden mit dem Ich verwechselt. Daraus erwächst Elend. Ob der Körper aktiv ist oder nicht, ‚ich' bin frei und glücklich. Das Ich des *ajnani* ist nur der Körper. Darin besteht der ganze Irrtum. Das Ich des *jnani* schließt den Körper und alles andere mit ein. Die ganze Verwirrung wird von etwas verursacht, das zwischen Ich und Körper entsteht." Talk 248

„Jeder sagt: ‚Ich bin der Körper'. Das ist die Erfahrung des Weisen wie auch des Unwissenden. Der Unwissende glaubt, dass das Selbst nur auf den Körper beschränkt sei, während der Weise glaubt, dass der Körper ohne das Selbst nicht bestehen kann. Für ihn ist das Selbst unendlich und schließt auch den Körper mit ein." Talk 293

F.: „Weshalb heißt es in den Schriften, der Weise gleiche einem Kind?"

A.: „Ein Kind und ein Weiser (*jnani*) sind einander in dem Sinn gleich, als Ereignisse ein Kind nur so lange interessieren, wie sie andauern. Es denkt nicht mehr daran, wenn sie vorbei sind. Damit ist ersichtlich, dass sie keinen Eindruck bei ihm hinterlassen. Es wird geistig nicht von ihnen beeinflusst. Beim Weisen ist es ebenso." Talk 9

> Im Hinduismus wird beim Weisen zwischen *jivanmukti*, der Befreiung, während er noch lebt, und *vidahamukti*, der Befreiung, wenn er den Körper abgelegt hat, unterschieden. Ramana betont, dass es in Wirklichkeit keinen Unterschied gibt.

F.: „Was ist der Unterschied zwischen *jivanmukti* (der Befreiung, während man im Körper ist) und *videhamukti* (der Befreiung ohne den Körper)?"

A.: „Es gibt keinen Unterschied. Ein *jnani*, der in einem Körper weilt, ist ein *jivanmukta*. Wenn er seinen Körper verlässt, erlangt er *videhamukti*. Aber dieser Unterschied besteht nur für den Betrachter und nicht für den *jnani* selbst. Er ist im selben Zustand, mit und ohne Körper. Wir stellen uns den *jnani* in menschlicher Gestalt vor. Aber der *jnani* weiß, dass er das Selbst ist, die einzige Wirklichkeit, die sowohl innen als auch außen ist und die nicht von irgendeiner Form oder Gestalt begrenzt wird. Im Bhagavatam heißt es: ‚Genauso wenig wie ein Betrunkener weiß, ob er sein Obergewand anhat oder nicht, ist sich der *jnani* seines Körpers bewusst.' Es macht für ihn keinen Unterschied, ob der Körper erhalten bleibt oder von ihm abfällt." DD 9.1.1946 Nachmittag

„Es gibt keine Stufen in der Verwirklichung oder Befreiung (*mukti*). Es gibt keine Grade von *jnana*. Es gibt keine Stufe von *jnana* im Körper und eine weitere Stufe von *jnana* ohne den Körper. Der *jnani* weiß, dass er das Selbst ist und nichts, weder sein Körper noch sonst etwas, existiert, außer dem Selbst. Was macht es da für einen Unterschied, ob der Körper da ist oder nicht?" DD 9.1.1946 Nachmittag

F.: „Wenn der Verwirklichte und der Unverwirklichte die Welt gleichermaßen wahrnehmen, was ist dann der Unterschied zwischen den beiden?"

A.: „Wenn der Verwirklichte die Welt wahrnimmt, dann sieht er das Selbst, das die Grundlage von allem Sichtbaren ist. Der Unverwirklichte dagegen weiß nichts von seinem wahren Sein, dem Selbst, gleichgültig, ob er die Welt sieht oder nicht. Nimm als Beispiel einen Film auf der Kinoleinwand. Was ist vor dir, bevor der Film beginnt? Nur die Leinwand. Auf dieser Leinwand siehst du die ganze Vorführung, und allem Anschein nach sind die Bilder wirklich. Aber gehe hin und versuche, sie festzuhalten. Was bekommst du dann zu fassen? Die Leinwand, auf der die Bilder so wirklich aussehen. Was bleibt nach der Vorführung übrig, wenn die Bilder verschwunden sind? Wiederum die Leinwand. So ist es auch mit dem Selbst. Es allein existiert. Die Bilder kommen und gehen. Wenn du am Selbst festhältst, wirst du von den Erscheinungen der Bilder nicht getäuscht, noch spielt es irgendeine Rolle, ob die Bilder auftauchen oder verschwinden." G S. 47

„Tatsächlich wird nach der Verwirklichung weder der Körper noch etwas anderes als vom Selbst verschieden empfunden." Talk 197

„Das heißt, das Ego keimt sowohl im *jnani* als auch im *ajnani* auf, aber mit dem Unterschied, dass das Ego des *ajnani* sich seines Ursprungs nicht bewusst ist, wenn es auftaucht, und es sich seines *sushupti* im Traum und Wachen (*jagrat*) ebenfalls nicht bewusst ist. Der *jnani* dagegen genießt seine transzendente Erfahrung, indem er sein Ego, sobald es sich erhebt, immer auf dessen Quelle richtet. Dieses Ego ist nicht gefährlich. Es ist wie der Überrest eines verbrannten Seils. Damit kann man nichts mehr binden. Wenn wir unsere Aufmerksamkeit immer auf unseren Ursprung richten, wird unser Ego in dieser Quelle aufgelöst wie eine Salzpuppe im Meer."
Talk 286

# Samadhi – der Zustand des Verwirklichten

*Samadhi* ist der Zustand der Versunkenheit oder Einheit mit dem Selbst, wobei das Ego untergegangen ist. Es gibt verschiedene Arten von *samadhi*, mit und ohne Körper- und Weltbewusstsein, die kurz, lang oder dauerhaft sind.

*Kevala nirvikalpa samadhi* ist der Zustand des zeitweilig gedankenfreien Bewusstseins. Der Geist wird für einige Zeit gewaltsam unterdrückt und ist sich des Körpers und der Umgebung nicht bewusst. Wenn er wieder auftaucht, ist alles wie zuvor. *Sahaja nirvikalpa samadhi* ist der Zustand des reinen Bewusstseins, der auch während der normalen Tätigkeiten anhält, wobei man sich des Körpers und der Welt bewusst ist. Er wird erst erreicht, wenn der Geist endgültig in seiner Quelle untergegangen ist. Dieses *samadhi* ist beständig. Ramana vergleicht es mit dem Tiefschlaf im Wachen und spricht von ihm als dem natürlichen Zustand.

F.: „Swami, es gibt zweierlei Arten von *samadhi*: *kevala nirvikalpa* und *sahaja nirvikalpa*. Was sind ihre Eigenschaften?"

A.: „Jemand, für den die Meditation (*dhyana*) natürlich geworden ist und der ihre Seligkeit genießt, wird dieses *samadhi* nicht verlieren, gleichgültig, was er tut und welcher Gedanke ihm kommt. Das nennt man *sahaja nirvikalpa samadhi*. Die beiden Zustände werden auch als völlige Vernichtung bzw. Unterdrückung bezeichnet. Vernichtung ist *sahaja nirvikalpa* und Unterdrückung *kevala nirvikalpa*. Jene, die den Geist unterdrücken und im *kevala nirvikalpa samadhi* sind, müssen ihren Geist immer wieder unter Kontrolle bringen. Wenn er aber vernichtet ist, wird er nicht mehr aufkeimen. Der Geist ist dann wie ein gerösteter Same. Was immer solche Menschen auch tun, sie gleiten von ihrem hohen Zustand nicht ab. Jene, die in *kevala nirvikalpa samadhi* sind, sind Übende und noch keine Verwirklichten. Jene, die im *sahaja nirvikalpa* sind, sind wie eine Flamme an einem windstillen Ort oder wie der unbewegte Ozean. Es regt sich nichts. Sie finden nichts, was von ihnen selbst verschieden wäre, während jene, die diesen Zustand nicht erreichen, alles als von sich selbst verschieden sehen." N 30.10.1947

„Beständigkeit im Selbst wird auch mit dem Schlagen des Rahms zur Butterherstellung verglichen. Dabei entspricht der Geist dem Rührlöffel, das Herz dem Rahm und die Übung des dauerhaften Verweilens im Selbst dem

Buttern. Wie beim Schlagen der Sahne Butter extrahiert und durch Reibung Feuer entfacht wird, so wird durch das unerschütterliche Verweilen im Selbst, das beständig ist wie das fadenförmige, gleichmäßige Fließen von Öl, eine natürliche und beständige Trance oder *nirvikalpa samadhi* bewirkt. Leicht und spontan bringt sie diese direkte, unmittelbare, unbehinderte und universelle Wahrnehmung von *Brahman* hervor, die zugleich Erkenntnis und Erfahrung ist und Raum und Zeit überschreitet." Talk 349

„Im *kevala samadhi* sind die vitalen und mentalen Aktivitäten, Wachen, Traum und Tiefschlaf nur untergetaucht, sind aber bereit, sich wieder zu erheben, wenn man nicht in *samadhi* ist. Im *sahaja samadhi* sind die vitalen und mentalen Aktivitäten sowie die drei Zustände zerstört und können nicht wieder auftauchen. Andere sehen zwar den *jnani* handeln. Er isst, redet, bewegt sich usw. Er selbst ist sich dieser Tätigkeiten jedoch nicht bewusst, die anderen schon. Die Tätigkeiten gehören dem Körper an und nicht seinem wahren Selbst (*svarupa*). Er ist wie der schlafende Reisende oder wie ein Kind, das man im Schlaf füttert, ohne dass es das bemerkt. Das Kind behauptet am nächsten Tag, es habe vor dem Schlafengehen keine Milch bekommen. Auch wenn man es daran erinnert, kann man es nicht überzeugen. So ist es auch mit *sahaja samadhi*." Talk 82

„*Samadhi* ist unser natürlicher Zustand. Es ist die Unterströmung in allen drei Zuständen [Wachen, Träumen, Tiefschlaf]. Das, was ist, nämlich das wahre Ich, ist nicht in diesen Zuständen, sondern diese Zustände sind in Ihm. Wenn wir im Wachzustand *samadhi* erleben, besteht es auch im Tiefschlaf fort. Der Unterschied zwischen Bewusstsein und Unbewusstsein gehört dem Bereich des Geistes an, der durch den Zustand des wahren Selbst überschritten wird." Talk 136

„Wenn wir falsche Vorstellungen haben und versuchen, sie loszuwerden, wenn wir also noch nicht vollkommen sind, sondern uns bewusst anstrengen müssen, den Geist zu konzentrieren oder gedankenfrei zu halten, ist das *nirvikalpa samadhi*. Wenn wir durch Übung ständig in diesem Zustand sind, wenn wir also nicht nur zeitweise in *samadhi* sind, ist das der *sahaja*-Zustand. Im *sahaja* sieht man immer sich selbst. Man sieht die Welt als Form des Selbst oder *Brahmans*. Was einst das Mittel war, wird allmählich zum Ziel, welcher Methode man auch immer folgt, sei es *dhyana* (Meditation), *jnana* (der Weg der Erkenntnis) oder *Bhakti* (der Weg der Hingabe). *Samadhi* ist ein anderer Name für unseren wirklichen Zustand." DD 1.12.1945

„*Jnana* braucht Zeit, um sich zu festigen. Zwar liegt das Selbst innerhalb der unmittelbaren Erfahrung eines jeden, aber nicht so, wie man es sich vorstellt. Es ist lediglich, wie es ist. Diese Erfahrung ist *samadhi*. […] Wegen der Schwankungen der *vasanas* braucht *jnana* Zeit, um sich zu festigen. Ein nicht beständiges *jnana* reicht nicht aus, um Wiedergeburten zu vermeiden. *jnana* kann nicht dauerhaft werden, solange noch *vasanas* da sind. […]

*Samadhi* bei geschlossenen Augen ist zwar gut, aber man muss noch weitergehen, bis man erkennt, dass Nicht-Handeln und Handeln sich nicht feindlich gegenüberstehen. Es ist ein Zeichen von Nichtwissen, wenn man befürchtet, den Zustand von *samadhi* zu verlieren, während man handelt. *Samadhi* muss das natürliche Leben eines jeden sein.

Es gibt einen Zustand, der jenseits von Mühe und Mühelosigkeit liegt. Doch bis er erreicht ist, muss man sich bemühen. Wenn man diese Seligkeit nur einmal gekostet hat, dann wird man immer wieder versuchen, sie zurückzugewinnen. Wer einmal die Seligkeit des Friedens erfahren hat, will sie nicht mehr missen und sich mit anderen Dingen abgeben. Für einen *jnani* ist es ebenso schwierig, sich mit Gedanken abzugeben, wie es für einen *ajnani* schwierig ist, gedankenfrei zu sein.

Der gewöhnliche Mensch glaubt, sich nicht zu kennen. Er hat viele Gedanken und kann nicht ohne Denken sein. Den *jnani* berührt keine Art von Tätigkeit. Sein Geist bleibt immer im ewigen Frieden." Talk 141

F.: „Gibt es in unseren Schriften nicht Beispiele, die den *sahaja*-Zustand verdeutlichen?"

A.: „Ja, die gibt es. Du siehst einen Spiegel und zugleich das Spiegelbild in ihm. Du weißt, dass der Spiegel die Wirklichkeit ist und das Bild nur eine Reflexion. Doch ist es nötig, dass wir das Spiegelbild nicht mehr anschauen, um den Spiegel zu sehen? Oder nimm das Beispiel von der Leinwand. Auf ihr ist eine Person zu sehen, die eine Szene beobachtet. Wenn du dir dessen bewusst bist, dass du die Leinwand bist, ist es dann nötig, dass du diese Person und die Bilder nicht mehr wahrnimmst? Wenn du von dieser Leinwand nichts weißt, glaubst du, dass die Person auf der Leinwand und die Szene real sind. Wenn du aber von der Leinwand weißt und verstehst, dass sie die einzige Wirklichkeit ist, auf die die Gestalten und Bilder geworfen werden, weißt du, dass es reine Schatten sind. Du kannst die Schatten sehen und wissen, dass es sich dabei um Schatten handelt, und dich selbst als die Leinwand erkennen, die die Grundlage für das alles bildet." DD 6.3.1946 Nachmittag

„*Samadhi* überschreitet Geist und Sprache und kann nicht beschrieben werden. Nicht einmal der Zustand des Tiefschlafs kann beschrieben werden und der Zustand von *samadhi* noch viel weniger." Talk 110

„*Samadhi* bedeutet Schlaf im Wachzustand (*jagrat sushupti*). Die Seligkeit ist überwältigend, und die Erfahrung ist sehr klar." Talk 372

# Literaturverzeichnis

**Zum Leben Ramana Maharshis:**

Ebert, Gabriele: Ramana Maharshi: Sein Leben, Norderstedt, 2011

Osborne, Arthur: Ramana Maharshi und der Weg der Selbsterkenntnis: Eine Biografie über Ramana Maharshi, Norderstedt, 2016

**Werke Ramana Maharshis:**

Ramana Maharshi: Die Gesammelten Werke, Norderstedt, 2019

Ramana Maharshi: Die Quintessenz der spirituellen Unterweisung (Upadesa Saram), Norderstedt, 2007

Ramana Maharshi: Über die Wirklichkeit: Vierzig Verse mit Ergänzungsversen, Norderstedt, 2015

Ramana Maharshi: „Wer bin ich?": Der Übungsweg der Selbstergründung, Norderstedt, 2011

Wright, Miles: Gespräche über die Selbstergründung, Norderstedt, 2016

**Aufzeichnungen der Gespräche mit Ramana Maharshi:**

Die Botschaft des Ramana Maharshi, Freiburg i. Br., 2001

Brunton Paul, Munagala Venkataramiah: Bewusste Unsterblichkeit: Gespräche mit Ramana Maharshi, Hamburg, 2025 (Übersetzung von Conscious Immortality: Conversations with Ramana Maharshi)

Mudaliar, Devaraja: Tagebuch der Gespräche mit Ramana Maharshi, 4. Aufl., Hamburg, 2026

Nagamma, Suri: Briefe aus dem Ramanashram, 3. Aufl., Hamburg, 2026

Venkataramiah, Munagala: Gespräche mit Ramana Maharshi, 3. Aufl., Hamburg, 2026

**Weitere Einführungen in die Lehre Ramanas:**

Cohen, S.S.: Betrachtungen über die Gespräche Ramana Maharshis, Norderstedt, 2024

Godman, David: Sei was du bist, München, 1990

Osborne, Arthur: Ramana Maharshi: Seine Lehren, Norderstedt, 2019